B-38

日本再占領

「消えた統治能力」と「第三の敗戦」

ReOccupied Japan

中田安彦
Yasuhiko Nakata

SEIKO SHOBO

日本再占領

引用文中の〔　〕内は著者による注記です。
登場する人物の肩書は原則として当時のもの、
尚、敬称を略したことをお断りします。

はじめに

日本はもはや、軽度の「破綻《はたん》国家」である

日本は、再び、アメリカの占領下にある――。

にわかには信じられない話だろうが、これが本書で展開される内容である。そのために私は、客観的と言い得る証拠を可能なかぎり集めた。

日本が再占領されてしまったのは、同盟国アメリカが、東日本大震災後の菅直人政権の対応と与野党の右往左往ぶりを見て、

「今の日本は事実上、軽度の破綻《はたん》国家（フェイルド・ステート）である」と認定したからである。

「今の日本政府に統治能力なし」と、アメリカが判断した結果が、現在の再占領なのだ。

アメリカは同盟国・日本を震災前からつぶさに研究していた。その詳細な情報は、在日米大使館から本国に随時報告されていた。

その一端が明らかになったのが、2011年5月4日に朝日新聞がスクープし、海外ではニューヨーク・タイムズやウォールストリート・ジャーナルが報じた「ウィキリークス」の日本関連の外交公電である。

本書では、5月末までに入手できた公電の原文を分析した。その結果、アメリカ国務省の東アジア担当部局の外交官僚たちが、日本の外務官僚と結託し、民主党政権を潰しにかかっていた事実が白日のもとにさらされた。アメリカの当局者も驚く、日本の官僚機構の政治主導への抵抗。これが徐々に日本の統治能力を蝕《むしば》んでいった。

本書では、まず第1章で「なぜ日本再占領なのか」を問いかけ、第2章でウィキリークス公電の分析を試みる。第3章では、先の章をふまえて、政権交代後の一番の目玉政策となるはずだった鳩山前政権の「普天間交渉」の失敗についてさらに掘り下げる。続いて第4章では、政権交代の立役者となった小沢一郎・民主党元代表の目指した「脱官僚」「政治主導」とは何か、なぜその動きに官僚たちが激しく抵抗したのかという点について、日本の古代の歴史までさかのぼって検証する。最後の第5章では、震災後の「日本再占領」の実態を、日米のキーマンに着目して最新の動きを分析している。

だから本書はまず、「今、日本は再びアメリカの占領下にある」という仮説を実証していくものである。あわせてアメリカの日本研究者たち（〝知日派〟）の学者としての「表の顔」と、フィクサー・ロビイストとしての「裏の顔」についても詳しく論じている。

日本が再び自立した国家となるには、「国家戦略」を打ち出し、「国益」をしたたかに追求することが必要不可欠である。そのために何をすべきか、本書から汲み取っていただけることを期待している。

本書は『日本再占領』という刺激的なタイトルを付けてはいるが、いたずらに反米感情を煽《あお》るのを目的にしているわけではない。

目的はただひとつ、統治能力を失ってしまった日本という国家が、どうすれば「正常な国（ノーマル・カントリー）」に立ち戻っていくことができるか、その課題を明らかにすることである。

2011年7月21日

中田安彦《なかたやすひこ》

日本再占領●もくじ

第2章
ウィキリークス流出公電が暴いた〈官僚主導国家・日本〉

第3章

普天間交渉の失敗に見る〈世界観の衝突〉と〈時間軸《タイムフレーム》概念の欠如〉

第4章

政策的起業家・小沢一郎に立ちはだかった〈日本律令制とアメリカ〉連合軍

第5章

〈ポピュリズム現象〉としての民主党代表選と大震災後の日本

おわりに

〔装幀〕――フロッグキングスタジオ
〔本文ＤＴＰ・図版作成〕――ホープカンパニー
〔本文写真〕――共同通信社、ウィキメディア・コモンズ

第1章

〈日本再占領〉——日本は何に負けたのか

「天皇のメッセージ」は再びの玉音放送だったのか

未曾有《みぞう》のマグニチュード9・0を記録した東日本大震災から、早くも5カ月近くが経過しようとしている。

地震が襲った2001年3月11日の5日後、3月16日のことを私は永久に忘れないだろう。

大抵の人の記憶の中では、この16日よりも数日前の13日と14日に起きた、福島第一原子力発電所の1号機と3号機の水素爆発の映像の方がショッキングなもので、深く脳裏に刻みつけられているかもしれない。震災とその後の10メートルを超える大津波で、緊急停止はしたものの原子炉が破損してしまったために、原子炉を収めた建屋《たてや》が相次いで爆発したのである。あとになって「これは水素爆発であり、もっと危険な水蒸気爆発や核爆発ではない」と、メディアは原子力専門家を呼び、解説した。しかし、テレビが映し出した映像はまさしく核爆発や核実験のときの「キノコ雲」そのものだった。この一連の原子炉建屋の爆発の映像は、とても凄まじかった。震災直後にテレビ画面を支配した、宮城県の平野を熔岩か火砕流のように静かに前進する、恐るべきあの大津波の鮮明な映像のインパクトも一気に消えうせてしまうほどだった。

1日おいた16日午後のことである。数グループに分けて電力の供給をストップするという統制経済まがいの「計画停電」が首都圏全域で続くなか、急遽、テレビはＮＨＫや民放各局も含めて、皇居内で収録したとされる天皇陛下のビデオ映像を放送すると伝えた。
それまでの数日間、菅直人総理をはじめ、連日連夜、記者会見を繰り返した枝野幸男《えだのゆきお》官房長官や一部の閣僚を除けば、小沢一郎・元民主党代表などのこの国の主だった政治家・高級官僚の動静を国民はまるで知らなかったし、天皇・皇后両陛下をはじめとする皇族方の所在もわからなかった。インターネット上では、「京都御所に数日前から黒塗りの車が止まっている」などというわさ話が飛び交っていた。
天皇陛下が首都にとどまられる限りは、原発事故が首都圏壊滅という最悪の状況にはならないだろうと私も理解していただけに、天皇陛下がテレビを通じて会見されると知り、テレビ画面にかじりつくようにしてその放送に耳を傾けた。以下が天皇陛下のビデオメッセージの全文である。

このたびの東北地方太平洋沖地震は、マグニチュード9・0という例を見ない規模の巨大地震であり、被災地の悲惨な状況に深く心を痛めています。地震や津波による死者の数は日を追って増加し、犠牲者が何人になるのかも分かりません。一人でも多くの人の無事が確認されることを願っています。また、現在、原子力発電所の状況が予断を許さぬものであることを深く案じ、関係者の尽力により事態の更なる悪化が回避されることを切に願っています。

現在、国を挙げての救援活動が進められていますが、厳しい寒さの中で、多くの人々が、

食糧、飲料水、燃料などの不足により、極めて苦しい避難生活を余儀なくされています。その速やかな救済のために全力を挙げることにより、被災者の状況が少しでも好転し、人々の復興への希望につながっていくことを心から願わずにはいられません。そして、何にも増して、この大災害を生き抜き、被災者としての自らを励ましつつ、これからの日々を生きようとしている人々の雄々しさに深く胸を打たれています。

自衛隊、警察、消防、海上保安庁をはじめとする国や地方自治体の人々、諸外国から救援のために来日した人々、国内のさまざまな救援組織に属する人々が余震の続く危険な状況の中で日夜救援活動を進めている努力に感謝し、その労を深くねぎらいたく思います。

今回、世界各国の元首から相次いでお見舞いの電報が届き、その多くに各国国民の気持ちが被災者と共にあるとの言葉が添えられていました。これを被災地の人々にお伝えします。

海外においては、この深い悲しみの中で、日本人が取り乱すことなく助け合い、秩序ある対応を示していることに触れた論調も多いと聞いています。これからも皆が相携え、いたわり合って、この不幸な時期を乗り越えることを衷心より願っています。

被災者のこれからの苦難の日々を、私たち皆が、さまざまな形で少しでも多く分かち合っていくことが大切であろうと思います。被災した人々が決して希望を捨てることなく、身体《からだ》を大切に明日からの日々を生き抜いてくれるよう、また、国民一人びとりが、被災した各地域の上にこれからも長く心を寄せ、被災者と共にそれぞれの地域の復興の道のりを見守り続けていくことを心より願っています。

（宮内庁発表の天皇陛下のビデオメッセージ全文、２０１１年３月16日）

このメッセージは３月15日から宮内庁長官と侍従長との相談のもとで、天皇陛下が原稿を作成、

天皇陛下のビデオメッセージ
（２０１１年３月16日午後放映のＮＨＫの映像）

天皇が国民に直接語りかけられるのは、玉音放送以来66年ぶりのことだった。

翌日午後3時に皇居・御所で収録し、その1時間後に放送したものだった。天皇陛下が不特定多数の日本国民に対し、マスメディアを通じて自らのメッセージを伝えたのは、昭和20年8月15日の昭和天皇による玉音《ぎょくおん》放送以来、66年ぶりのことだという。私は天皇陛下が皇居にとどまっておられるのを知り安堵した反面、そのメッセージの重さに暗鬱《あんうつ》たる気持ちになった。

このメッセージを「平成の玉音放送だ」と論評するツイッター（簡易ブログ）の書き込みを私は見た。長崎への原爆投下からほぼ1週間後に昭和天皇の「聖断」が下り、あの大東亜戦争（太平洋戦争）は終戦した。原爆投下を思わせる原子炉の水素爆発から数日後の天皇陛下のメッセージは「第三の敗戦」を私に連想させた。

しかし、果たして日本は何に負けたのか？

アメリカが首相官邸に乗り込んできた

そのような疑問の答えを求めて考えている間も、水面下では事態が進んでいた。それを知ったのは、ほぼ1カ月後の4月13日である。その日の日本経済新聞の朝刊には、天皇メッセージと同じ16日（ただし米東部時間）に、アメリカ政府内のトップの間で緊急の電話会合が開催されていたと報じられた。この記事は、日経新聞内でもアメリカ政府内に一番の情報網を持っている春原剛《すのはらつよし》・編集委員による。記事を見てみよう。

この記事によると、大震災が発生して5日後の3月16日午後、首都ワシントンで、ホワイトハウスの大統領執務室に米エネルギー省長官のスティーブン・チューから大統領のバラク・オバマに電話が入った。チューは間髪入れず、「日本の原発危機は思った以上に深刻です。早急に全面支援する体制を整えた方がいいでしょう」と進言したという。

チューに福島第一原発の危機を伝えたのが、元国防長官で米スタンフォード大学教授である知日派のウィリアム・ペリーだった。同時にペリーは、かねてより親交の深いアシュトン・カーター国防次官を訪問していた。アメリカでは原子力産業の問題は軍用核の専門家が話し合う。

記事によれば、ペリーがカーターを訪ねたころ、日本政府はまだ、福島第一原発の状況についてアメリカ側に詳細な情報を与えていなかったようだ。ジョン・ルース駐日米大使も、菅直人に首相官邸で「面会できない」と周囲に不満を漏らしたという（日米関係筋）。「当時の日米連携はお世辞にも緊密という言葉とはほど遠いものだった」ようだ。

ところが、ペリー元国防長官の訪問がオバマ政権の核エキスパートであるカーターの態度を一変させ、スタンフォード人脈でつながるチュー・エネルギー省長官のオバマ大統領への緊急電話へとなった。これで、日本政府が「原発事故は自分たちで処理できる」と言っていることをそのまま信じていた当初のアメリカ政府の態度が一変した。事故発生翌日の12日に在日米軍から福島第一原発への冷却材輸送を提案されていたが、菅政権がその申し出を断ったという記事が出た。ヒラリー・クリントン米国務長官は、同原発に冷却剤を輸送したと述べていたが、これを日本が不要だとしたという経緯である。しかし、それでも16日までは様子を見ていたらしい。ところが、核専門家らが大統領を動かした。記事は次のように書く。

> 日本の原発危機を対岸の火事と捉えてはいけない。米国が積極的に「出口戦略」にまで関与し、汚染を食い止めなければならない。それは初期の燃料棒冷却段階から外部への搬送、原子炉封じ込め（石棺化）という最終段階まで長い道のりになるだろう――。
>
> （「日本経済新聞」２０１１年4月13日）

ここでついに、アメリカの腹は決まった。記事は続く。

日本政府内での交渉相手（カウンターパート）の人選をアメリカは進めた。オバマ大統領は直接、菅首相に電話し、「当面の対応のほか、原子力の専門家派遣や中長期的な復興を含めてあらゆる支援を行う用意がある」と申し伝え、菅首相に首相補佐官の細野豪志《ほそのごうし》らを中心とする実務者協議会の設立を要求した。

この結果、集められたのは、前国土交通相の馬淵澄夫《まぶちすみお》、官房副長官の福山哲郎《ふくやまてつろう》、元防衛政務官の長島昭久《ながしまあきひさ》といった面々で、それぞれ、（1）放射性物質の遮蔽、（2）核燃料棒の処理、（3）原発の廃炉、（4）医療・生活支援、について細野補佐官のもとで行動することになった。

さらに首相と大統領が電話会談した17日の夕方には、突如首相官邸に仙谷由人《せんごくよしと》元官房長官が現れ、被災者・復興支援担当の官房副長官として復帰した。前年秋の沖縄・尖閣《せんかく》諸島沖の中国漁船衝突事件のビデオ公開をめぐる問題で辞任を余儀なくされた「影の総理」が、震災を契機に復活した瞬間だった。

こうして、日本政府はアメリカの全面的な指揮下で原発事故の処理を行うことになった。さらに日経の記事は次のように続けている。

オバマ・菅の2度目の電話会談後、日本政府も対米協調へと大きくかじを切った。細野を長とする首相官邸の対策チームは米原子力規制委員会（ＮＲＣ）をはじめ、米軍関係者らとひざ詰めで話し合う体制を確立。米空軍が誇る無人偵察機グローバルホークによる福島原発上空の撮影も受け入れ、最新情報を共有した。

19日には菅自身がルースを官邸に招き、原発問題に関する情報共有を徹底させると約束。さらに米軍の放射能被害管理の特殊専門部隊「ＣＢＩＲＦ」の初動対処部隊約１４０人を対日支援作戦「トモダチ（ＴＯＭＯＤＡＣＨＩ）」の一環として日本に受け入れることも決めた。

（「日本経済新聞」２０１１年4月13日）

このように、アメリカは、やると一度方針を決めるとものすごく動きが早い国だ。すでに原発の

影響を受けていない宮城や岩手には米海兵隊が救援に入っていたが、今度は原発危機を食い止めるために日本の官邸に強く方針を打ち出してきた。

さらに10日後の4月21日にわかったことは、首相官邸にアメリカの専門家が常駐し、危機対応を行っていたという事実だ。この事実を報じたのは朝日新聞だった。記事では、「駐在した時期は3月下旬」であり、「原発事故対応の日米連携チームが3月22日に発足する直前からチームが軌道に乗るまでの間に、米原子力工学の専門家1名が官邸に駐在していた」と書かれている（のちにその人物は、NRCのチャールズ・カストなる人物と判明）。記事は次のように書く。

3月11日の原発事故の発生直後、米側が首相官邸への最初の要求として「首相官邸内に米国のスタッフを常駐させてほしい」と申し入れた。米側は当初から危機感をもっており、政権中枢から直接情報を得て迅速に対応したいという立場だった。

だが、これらの協力要請に対し、日本側には官邸内に外国政府関係者を常駐させることに抵抗感を示す声があり、申し出をいったん断った。菅直人首相が周囲に「まずは日本人が原発の危機に立ち向かうべきだ」との考えを示していたほか、政権内に「米側には官邸の政策決定プロセスに関与することで、事故の詳細なデータを得る狙いがある」（官邸スタッフ）との見方が出ていたからだ。

ただ、菅政権は事故収束のめどをつけられず、米側から日本側の情報提供などの対応に不満が続いたこともあって、官邸駐在を受け入れた。日本の政府高官は「日本側が米国スタッフの駐在要求を断ったことで、米側に『菅政権は事故対応に本気ではない』と受け止められてしまっていた」と話す。

日米連携チームは、これまでに米側から米原子力規制委員会（ＮＲＣ）のヤッコ委員長やウォルシュ米太平洋艦隊司令官、ルース駐日大使らが出席。日本側は細野豪志首相補佐官、長島昭久元防衛政務官、福山哲郎官房副長官らが参加。経済産業、防衛、文部科学など各省や東京電力も加わっている。

（「朝日新聞」２０１１年4月21日）

この記事では、3月22日までに「首相官邸に米専門家1名が駐在した」とされている。ところが、3月下旬に日米連携チームが発足して以降も、数十人からなるアメリカ人メンバーが官邸（とその裏の内閣府のビル）に駐在していたらしい、と私は詳しい人から聞いている。連携チームには原子力規制委員会や米太平洋軍、アメリカ大使館といった面々が参加しているから、それぞれのサポートスタッフを含めれば当然、数十人規模にはなるだろう。

オバマ大統領からの電話の件も、この官邸へのアメリカ人専門家駐在も、日本のメディアではだいたい1カ月のタイムラグを置いてごく控えめに報道されている。これも、アメリカ側の情報統制なのだろう。

この記事を見たとき、私は「これはやはり間接的なアメリカの日本再占領だ」と思った。天皇陛下の「玉音放送」と前後して日米首脳が会談し、その直後に現地のカウンターパートが共同で「対策チーム」をつくる。もちろん、それだけであれば「再占領」と言うのは大げさだろう。しかし、朝日の記事は次のようにも報じているのだ。

22日の初会合では、原子炉冷却をめぐり米側が「原子炉の格納容器に水をためるべきだ」と、格納容器への注水を通じて内部の圧力容器を冷やす方法を提案。だが、水の重さで原子炉に異常が起きることを懸念した東電は「検討しています」とするのにとどめたという。

その後、冷却システムの早期復旧に見通しがつかなくなったこともあり、東電は米側の提案を採用。米国スタッフの官邸駐在のケースと同様、遅れ気味の対応をしながら結局応じるという経緯をたどった。

（「朝日新聞」2011年4月21日）

原子炉冷却方法の経緯を見れば、アメリカの圧力が相当に強く働いていたことはもう明らかだ。原子炉冷却の方法は、右の記事に出ている原子炉圧力容器を取り囲む格納容器を水で満たす、いわゆる「水棺《すいかん》」だけではない。それにもかかわらず、結局は5月中に失敗した「水棺」方式が採用されたのは、それが以前からアメリカが原子炉冷却の手法として研究してきたものだったからである。

この他にも、福島原発の原子炉の3号機を設計した上原春男（元佐賀大学学長）が、「水棺」に至らない「外付け熱交換機による原子炉冷却」を提案したこともあった。そしてこれを実現するための提案書も政府に提出していた。だが政府は無視し、アメリカの提案を採用したのである。

東京工業大学卒の菅首相は当初は勢い勇んで、16日夕方ころに、自ら「自分は原子力に詳しい」と大言壮語を吐いたり、アドバイザーである笹森清・元連合会長（元電力総連、6月4日に急逝）に対して、「東日本がつぶれることも想定しないといけない」と発言していたが、この数時間後にはオバマ大統領からの電話を受けて、完全に屈服してしまった。

冷却システムだけではない。冷却によって生じた大量の汚染水をどのように処理するかという問題でも「アメリカの指示があった」とする証言がある。東京電力は4月、福島第一原発の廃棄物処理施設などに溜まっていた比較的濃度の低い汚染水、数万トンを太平洋に放出した。この判断は、日本が国として海洋を汚染しているとして、世界中の非難を浴びた。しかし、この低濃度汚染水の海洋放出を指示したのはアメリカだったと、菅内閣の内閣官房参与の平田オリザが証言したのだった。当時から「米国の同意を得て行った」という観測もメディアでは流されていたが、「汚染水はアメリカ政府の強い要請で放出された」というのが真相だった。日本政府は主体的判断ができなくなってしまっていたわけだ。

日本政府ばかりではない。この間、有力政治家たちは皆、沈黙した。小沢一郎は、天皇のメッセージが出された翌日の17日夕方になってようやく自分のウェブサイトに短いメッセージを掲載。その2日後の19日に、鳩山由紀夫、前原誠司らの代表経験者とともに官邸に赴いている。小沢は、2010年の初めから菅政権に対する批判を強めていたにもかかわらず、震災8日目にしてようやく人々の前にその姿を見せた。

関係者数人から私が聞いた話では、小沢は震災の日から19日までずっと、都内の自宅で情報収集をしていたという。これも私は、日本という国の統治能力の消失を象徴する事件だったと思う。本来であれば、有力政治家の小沢は、11日夕方にもインターネットなどを通じて健在をアピールし、地元岩手や前年の代表選で自らを支持した有権者の不安を払拭《ふっしょく》すべきだった。

このようなエピソードが示すように、未曾有の震災からわずか1週間にして、アメリカは「日本に統治能力無し」という烙印《らくいん》を押した。世界中に、内乱や飢餓の影響で無政府状態となっている「破綻国家」と呼ばれる国々は、アフリカなどを中心に多数がある。日本はそこまではいかないにしても、「国家非常事態」に対する対応能力がない、と判断されたのである。そのようにして首相官邸に、数十人の軍人や核専門家からなる「進駐軍」がやってきた。

日本支援の陰で進められる「復興プロジェクト」の思惑

3月末になると、各国首脳の動きがにわかに慌ただしくなってきた。

まず、3月30日には、アメリカに次ぐ原子力大国のフランスから、国家元首であるニコラ・サルコジ大統領が、同国最大の国営原子力企業アレヴァ社のアンヌ・ローベルジョンCEO（当時）を従えて来日、原子炉冷却や放射能汚染水の処理への全面支援を表明した。その後テレビに出演したアレヴァの上席執行副社長は、同社が担当するのは汚染水を処理する装置（設備）の納入とその建設だと明言した。具体的な契約内容は明らかにされていないものの、処理費用は相当な巨額になるだろう。

アレヴァは日本では原子炉そのものは設計していないが、プルサーマル計画で使用するMOX《モックス》燃料の加工を請け負っている。

ただ、もともと日本の原子力産業はアメリカが創り出したものである。1950年代にアイゼンハワー大統領の「核の平和利用《アトムズ・フォー・ピース》」という国策を受けて、対米協力者の正力松太郎《しょうりきまつたろう》・読売新聞社主が日本国内の世論形成を担った。さらに読売新聞の実力者にのし上がっていった渡邉恒雄《わたなべつねお》とそのパートナーであった中曽根康弘元首相の「親米人脈」によって原子力発電は推進された。ジャーナリストの田原総一朗は、原子力発電所を運営する東京電力のエンジニアや社員の間で、原発技術をアメリカから導入した当初には、GEというメーカーに対する、信仰にも似た圧倒的な信頼があったと報告している（『ドキュメント東京電力企画室』文春新書、1986年）。戦後日本政財界のアメリカ依存症はこんなところにまで及んでいた。

それゆえに、フランスのアレヴァにしてみれば今回の事故は、日本の原発処理や、やがて始まる大規模な原子炉廃炉ビジネスに食い込むための絶好のPRの場になっただろう。アメリカのGE（ゼネラル・エレクトリック）とアレヴァは、世界各地を舞台にエネルギービジネスで競いあうライバルであるからだ。

一方のアメリカにも、政財界が日本の復興支援を通じてビジネスチャンスを見出そうとする動きが見られる。前出のアメリカ政府の内幕レポートが掲載された前日の4月12日と、翌日の14日の日経紙面に登場した「復興と未来のための日米パートナーシップ」に関する記事がそれである。それぞれの記事をここで示しておきたい。

米、官民一体で復興支援／経団連と連携／秋までに計画

【ワシントン＝大石格】米主要企業が参加した東日本大震災の復興支援プロジェクト「復興と未来の日米パートナーシップ」が20日に発足する。代表にボーイングのマニナニー最高経営責任者（CEO）が就き、シンクタンクの米戦略国際問題研究所（CSIS）がまとめ役になる。キャンベル国務次官補（東アジア・太平洋担当）もオブザーバー参加し、官民一体で同盟国日本を支える体制を築く。

日本側の窓口は日本経団連が務める。6月ころ米代表団が日本を訪れ、政府や経済界の首脳との意見交換や被災地視察をする予定だ。10月までに日米で取り組むべき行動計画を作成し、両政府に提言する。

プロジェクトはCSIS日本部長であるグリーン元米国家安全保障会議（NSC）アジア上級部長のほか、ブレジンスキー元大統領補佐官、アーミテージ元国務副長官ら約20人で構成。財務省や国防総省の日本担当者も参加予定だ。20日の初会合には藤崎一郎駐米大使が出席する。

当面は①防災②エネルギー③マクロ経済と財政再建④日米同盟――など6分科会を設け、具体的な問題点の洗い出しを進める。

（「日本経済新聞」2011年4月12日）

日米で復興ファンド案／外相会談で調整へ／官民会議も検討

日米両政府は13日、東日本大震災からの復興に向けた新たな協力体制について調整に入った。具体策として日米の企業が出資する「復興ファンド」の創設や、日米の官民が参加する復興合同会議設置などが浮上している。17日に来日するクリントン米国務長官と松本剛明外相との間で合意する見通しだ。

米国側が4月上旬に提案し、日米が詰めの協議に入っている。復興ファンドは日米の企業が出資し、被災地の復興資金として活用する。

合同会議は両国の企業経営者や政府関係者で構成し、復興事業に関する日米協力の在り方を協議する。

（「日本経済新聞」2011年4月14日）

この二つの記事に出てくる「復興支援プロジェクト」や「復興ファンド」という構想の是非はこの際置くとして、私はアメリカのこの素早さを日本はもっと見習うべきだと思う。アメリカは常日頃から世界各国の国家指導者を詳細に分析し、世界中の大使館はその内容を本国の国務省の担当部署に「外交公電」として伝えている。それらの一部が2010年から世間を騒がせているウィキリークスの流出公電として表に出てきている（ウィキリークスについては第2章で詳しく述べる）。

日本への復興支援プロジェクトの中心になるのはアメリカの元政府高官たちである。カート・キャンベル、マイケル・グリーンやリチャード・アーミテージといったアジア・日本の安全保障専門家から、大統領直属の戦略指南役であるズビグネフ・ブレジンスキーのような重鎮までいる。日本にはこのような世界に名前を知られた専門家集団はいない。無能な外務官僚がアメリカの意向を窺《うかが》いながら、ひたすら国益を損ない続けているだけだ。

この復興プロジェクトが、「パートナーシップ」と名乗っている点は厳重な注意を要する。震災でうやむやになってしまっているが、菅政権が前原誠司《まえはらせいじ》前外相のもとで積極的に推し進めてきたのが、TPP（環太平洋戦略的経済パートナーシップ《連携》協定）である。6つの分科会で議論される内容を見ると、「エネルギー」や「マクロ経済」などが含まれている。表向きの目的はあくまで貿易自由化だが、実態はもっと複雑で、規制緩和・撤廃を要求しているTPPの内容が、この復興プロジェクトに巧妙に盛り込まれていくだろう。菅政権はTPPの議論をひとまず11月以降に先送りしたが、この「復興パートナーシップ」での議論を待つようにアメリカ側から指示されたのだろう。アメリカは鳩山政権時代に、いわゆる「年次改革要望書」が廃止されたことを不満に思っており、その代替物を求めているわけだ。

アメリカは震災直後から、同盟国・日本の震災復旧に海兵隊員を多数投入して協力してくれてい

大統領は国営原子力企業の〝商談〟で、
原子炉設計企業は〝支援表明〟で来日。

(上)首相官邸で日本側と協議するサルコジ仏大統領
(下)海江田経産相を訪れた、GEのイメルトCEO

る。それは確かにありがたいことだが、そうした〝善意〟の裏側には当然ながら戦略的な〝意図〟が存在する。

アメリカは日本との間で海兵隊基地である普天間《ふてんま》飛行場の移設問題を抱えているほか、急速に台頭する中国とは太平洋を舞台に覇権争いをすでに始めている。

今回の震災では中国からも震災復興支援の国際救援隊が参加したが、初動ではアメリカの140人に対して、中国はわずかに15人。これは、日本政府の要請に従ったためのようだ。中国側は、救援隊の人数は日本側との協議の結果であって、早い時期に80人から100人程度の救援隊を準備していた、と取材に答えている。

日米同盟の想定する「脅威」は北朝鮮であり、中国である。アメリカが大々的に活動している被災地の救援隊に、その中国からアメリカと同等の人員が参加するのは望ましくないと、米政府と日本外務省の意見が一致したのだろう。大新聞・マスコミはアメリカ軍が素早く打ち出した「トモダチ作戦」の模様や、宮城県の仙石《せんせき》線の鉄道復旧を支援する「ソウルトレイン作戦」を連日連夜、さかんに報道した。これはアメリカのソフト・パワーというPR戦略の一環である。

官民の支援構想、海兵隊の被災地支援などさまざまな要素を、アメリカの国益という全体構図の中に当てはめていく。それは統治能力を失った日本という国を第二次世界大戦の後と同じように、再びアメリカの指示・指導のもとで〝再建〟していくということにほかならない。

これはやはり形を変えた「日本再占領」である。軍隊なき占領と言いたいところだが、そもそもアメリカ軍は戦後ずっと日本国内に〝進駐〟している。あとは統治機構をコントロールするだけで十分なのである。

「第三の敗戦」を象徴するアノミー状態

日本の今の姿が「第三の敗戦」とするのは、現在の社会状況が、程度の差はあれ、1945年の終戦直後と似ているからである。それを象徴するのは「アノミー」という現象だ。

このアノミーを理解することが、現在、マスメディア、インターネットで繰り広げられている「いったいどのくらいの放射線量までだったら危険ではないのか」という問題をめぐる、日本国内の右往左往の状態を正しく理解するカギである。放射線は眼に見えないし、放射性物質も微小な粒子である。それをどのくらい被曝・摂取（内部被曝）すれば危険なのか。この基準は混乱している。それでメディアが発表する情報に国民が振りまわされるという状態が今も続いている。

「アノミー」というのはフランスの社会学者のエミール・デュルケムが提唱した考え方である。英語・フランス語では anomie と書く。「norm《ノーム》（規範）がない状態」という意味である。要するに、何を信じていいのかわからない状態に一国の国民全体が置かれているということだ。

アノミーという概念はデュルケム以降、さまざまな社会学者によって発展させられていった。このアノミーという言葉を一般向けに解説したのは、2010年秋に惜しくも逝去した社会学者の小《こ》室直《むろなお》樹《き》博士である。

小室博士は渡部恒三《わたなべこうぞう》・民主党最高顧問とは会津高校の同級生である。渡部が政治家を志したのとは異なり、フルブライト奨学生に選ばれ、アメリカで本格的な社会学を学んだ。この小室博士が『危機の構造』という著書の中で、アノミー状態とはどういうものなのかについて、終戦直後の日本を例にとって説明している。同書から小室博士の文章を引用しよう。

> アノミー概念は、社会学の始祖デュルケムによって提案されたものであり、その後多くの社会科学者によって展開せしめられ、現在では、政治学および社会学における最も有効な分析用具となっている。その後の展開のうち、ディグレイジアによるそれが注目に値しよう。彼は、規範の全面的解体を意味する急性アノミー（acute anomie）と、規範の葛藤を意味する単純アノミーと区別した。
>
> 急性アノミー。これは、簡単にいえば、信頼しきっていた者に裏切られることによって生ずる致命的打撃を原因とし、これによる心理的パニックが全体社会規模で現れることにより、社会における規範が全体的に解体した状態をいう。
>
> （『危機の構造』小室直樹、中公文庫、傍線引用者）

このように小室博士は社会規範の崩壊がアノミーという現象であり、そのなかでも心理的パニックが社会全体に波及する状態が「急性アノミー」なのであると解説している。そして、小室博士は戦後の日本はこの「急性アノミー」に陥ったとする。

終戦直後に、何があったのか。それは言うまでもなく、「國體《こくたい》（国体）」が崩壊寸前までいったのである。非常に大雑把に言えば、明治維新を経て、日本は大日本帝国憲法という一種の「王権神授《おうけんしんじゅ》説《せつ》」に基づく国家体制＝國體をつくっていたのである。天皇を現人神《あらひとがみ》として崇《あが》め奉《たてまつ》るという形で国民の行動原理（エートス）が形成されたわけだ。

それがガラガラと崩れたのは、神国日本のアメリカに対する完膚《かんぷ》なきまでの敗北であった。それを象徴するのが昭和天皇の玉音放送、それに続く天皇の人間宣言である。連合国軍最高司令部（GHQ）の総司令官のダグラス・マッカーサーの意向もあり、日本の占領統治には天皇の存在が必要だった。ゆえに、昭和天皇は他のA級戦犯と異なり、何も罪を問われなかった。アメリカと結託した海軍の米内光政《よないみつまさ》らが、陸軍の東条英機《とうじょうひでき》らを〝スケープゴート〟として差し出した。この終戦処理の結末によって、日本の急性アノミーは最悪の状態は避けられた。

しかし、教科書の黒塗《くろぬ》りや戦時中弾圧されていた日本共産党の復活など、日本の社会構造に与えた影響は大きかった。それまでは「非国民」であった共産主義者たちが、権力者を人民裁判にかけるぞと脅すような場面が生まれたのであるから、それは当然だろう。

そして、戦後の日本は米ソ冷戦構造に上手に組み込まれ、アメリカの庇護《ひご》の下、名ばかりの「同盟国」として経済成長を謳歌《おうか》し、朝鮮戦争に始まり、ベトナム戦争や湾岸戦争に至るまでのアメリカの大規模な海外遠征への加担を最小限に食い止めることができた。これが「吉田ドクトリン」というものである。

この戦後体制は冷戦が続いている間は非常にうまく機能していた。アメリカの社会学者であるジョン・ダワーの言葉を借りれば、「敗北を抱きしめて」(ダワーの著書の題名)、戦後日本は大きく成長していったのだ。

3月11日の東日本大震災は、津波という自然の脅威を私たちにまざまざと見せつけた。そして、甚大な原発事故は私たちの価値観を崩壊させた。それは、一般大衆の間にあった「いろいろと言われているが、日本でチェルノブイリのような大事故は起きないだろう」という〈原子力安全神話〉の崩壊でもあった。今から思えば、この神話は、戦前の國體と同じものであったと私は考える。

繰り返すが、原子力発電の普及は、日本をはじめとする西側諸国を舞台に繰り広げられたアメリカの冷戦戦略であった。このことは『原発・正力・CIA』(新潮新書)で、著者の有馬哲夫氏が明らかにした事実である。読売新聞社主の正力松太郎と中曽根康弘・衆議院議員が、アメリカに擦り寄って、戦後復興に必要な核エネルギーをアメリカの協力を得て日本に導入した。

その人脈は、中曽根の元秘書である与謝野馨《よさのかおる》・経済財政担当大臣に引き継がれている。無論、日本でも東北大学を中心に戦前、仁科芳雄《にしなよしお》などの学者たちが独自の核兵器開発を行っていたが、戦後の日本の核政策は、アメリカにとことん依存しながら進められたのである。

その象徴となるのが、今回、福島第一原発で事故を起こした「1号炉」と言ってよい。この原子炉はGE（ゼネラル・エレクトリック）社の設計・製造の「マーク・ワン」と呼ばれる炉である。このマーク・ワンは1970年代に、GEで働いていた技師たち3人（「GEスリー」）がその構造に根本的な欠陥があるとして、職を辞して告発した〝いわくつき〟の炉であった。

ところが、日本はそのGEの原子炉を崇拝し、崇め奉ったのである。アメリカから原発を導入した当時の電力会社の社員・技師たちは、「東電はゼネラル・エレクトリック社、関電はウエスティングハウス社の技術に対する信仰に近いまでの信頼」を抱いていたのである。

また、東電の元原子力部門幹部の豊田正敏氏は、震災後の週刊誌のインタビューで、「福島第一の場合、完成したものをGEから引き継ぐやり方でしたから建設中に詳しいチェックはしていませんでした。その当時設計図をチェックする能力などなかったんです」と語っている。つまり、東京電力は、〝ブラックボックス〟と言っても過言ではないGE製の原子炉を崇め奉っていたことになる。にもかかわらず、あるいは、果たせるかな、というべきか、アメリカへの信頼からか〈原子力安全神話〉だけが独り歩きしたのだ。

さらに東京電力や、ある時期までは日本の核武装を密かに目指していたと言われる「電気事業連合会（電事連《でんじれん》）」といった財界のロビー団体が、新聞社やテレビ局を巨額の広告費で「骨抜き」にしたことにより、安全神話はさらに助長された。果ては原子力に関わる技術者たちまでもが、原子力エネルギーが本来は核兵器開発の副産物だという根本を忘れてしまった。恐るべき「平和ボケ」といえるだろう。

原子力をひたすら崇拝した「猿の属国」の日本人

そこで思い浮かぶのは、映画『続・猿の惑星』のワンシーンである。この映画の結末では、猿の惑星に不時着した主人公が猿たちに捕らえられるが脱出し、地下での核戦争によってミュータントと化し、コバルト爆弾を神と崇める人間たちの姿を発見するという奇怪なシーンがある。この「猿の惑星」シリーズの原作者は戦時中に日本軍の捕虜となった経験を持つ。そのため映画関係者の間では、この猿の惑星の「猿」というのが、欧米人から見た日本人（ジャップ）のことであることはよく知られている。

この映画ではさすがに、猿ではなく地下に住むミュータント人間たちが、核兵器であるコバルト爆弾を崇めるという設定になっているが、これをストレートに解釈すれば、「被爆してもなお、核を崇拝する愚かな人類」を比喩的に描いている。果たせるかな、戦後の日本人は原子力エネルギーをまるで「猿の惑星」で祀《まつ》られるコバルト爆弾のように崇め奉ってきた。戦後日本の暮らしはアメリカの庇護と、その国が日本に与えた原子力エネルギー（軽水炉）によって築かれたことは否定しようもない〝現実〟である。

「原子力の父」である正力松太郎と、その読売系列の日本テレビ、そしてＣＩＡによる政界支配が戦後日本の真実の姿なのである。戦後日本こそが、アメリカから見れば「猿の惑星」にほかならなかったのである。

そして２０１１年。自分が賢いと思い込んでいる「猿たち」が、原子力安全信仰にどっぷり浸かって、原子力の輸出を新しい国策として推進しようとした矢先に、今回の大震災が襲った。ここで価値観の大転倒が起きた。全国各地での反原発デモ、放射能に怯《おび》えて関西以西に避難した金持ちエリート層、年間許容放射線量をめぐって、１ミリシーベルトが安全なのか20ミリシーベルトが安全なのかを不安げに議論する主婦たちが出現した。

この「放射能ママ《ラッド・マム》」たちの多くは、おそらく震災が起きるまでは原子力発電が抱える問題などあ

映画『続・猿の惑星』

「被爆してもなお、核を崇拝する愚かな民」とは私たち日本人を揶揄しているのだろうか。

まり真剣に考えてこなかったであろう。自分の子供の安全が脅かされるかもしれないという情報に接してはじめて本気になって慌て始めた。彼女たちは、広瀬隆《ひろせたかし》氏や小出裕章《こいでひろあき》氏のような昔からの反原発の活動家たちのようには憂慮していなかったはずだ。かく言う私も、実はその一人である。

こうして、3・11後の日本では、いわば「原発アノミー」とも言うべき事態が亢進《こうしん》していった。正直に告白すると、震災直後は私自身が放射能汚染に大きく怯えていた。しかし、今では、「日本人はこの原発震災、原発公害を力強く乗り越えて、日常生活を早く取り戻さなければならない」というふうに考えている。過度の放射能パニックに陥るのではなく、最悪のシナリオを意識しつつ、あくまで日常を取り戻す姿勢である。

たしかに、セシウムなどの放射性物質による汚染は福島から遠く離れた関東地方にまで及んでいる。日本の野菜や海産物は世界でも安全・安心の代表格だったのが、国際的に輸出をストップされてしまった。香港の日本料理店でガイガーカウンターが常備され、その安全性を実演しなければならなくなる事態など、誰が想像したであろうか。

「大東亜戦争」「マネー敗戦」に続いての「原子力敗戦」

これが大震災から約2カ月間の日本の各地の光景、マスコミ報道だった。そして海外での原発報道はもっとセンセーショナルなものだった。

震災発生から原子炉のメルトダウン、そして住民の緊急避難。あの阪神淡路大震災のときもメディアはその被害を大きく報道したが、今回のように、日本全体がパニックになるようなことはなかった。

やはり私には、3月16日午後に急遽放映された天皇陛下の国民に向けてのメッセージが、広島・長崎の原爆を受けて出された昭和天皇の終戦時の玉音放送に重なってならない。あの玉音放送によ

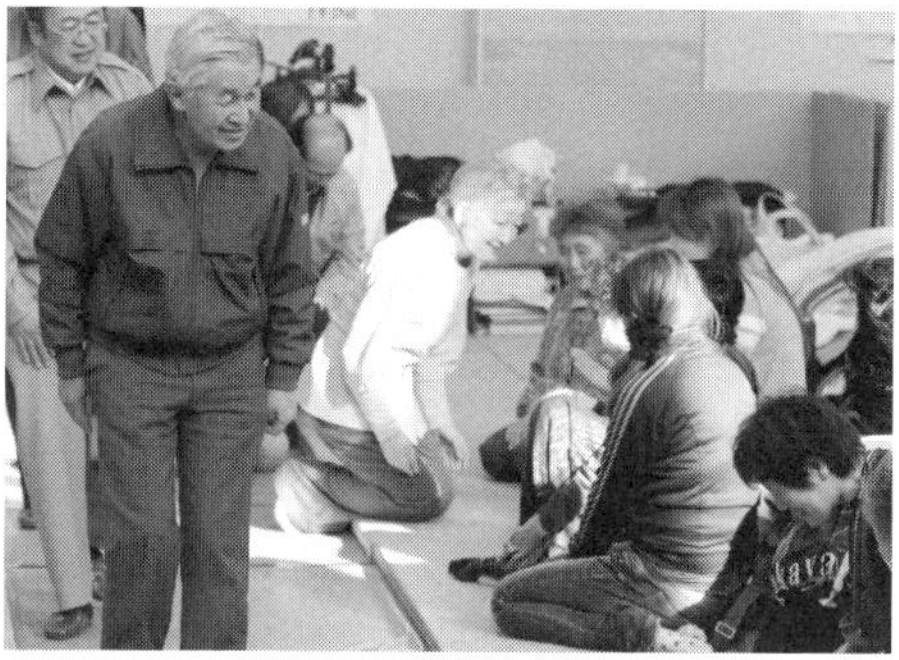

「太平洋戦争敗戦」と
「原子力敗戦」、
二重写しになる天皇のお姿。

(上) 敗戦後の昭和天皇の行幸(1947年)
(下) 被災地をお見舞いになる天皇・皇后両陛下

って大東亜戦争は終結した。日本人はアメリカの占領統治という「敗北」を抱きしめる戦後を歩み始めた。今回の震災の被災地を、心を痛められながら訪問された天皇陛下、美智子皇后陛下の姿は、戦後まもなくの昭和天皇の行幸《ぎょうこう》にぴったりと重なる。

現在の日本はどこか特定の「国」との戦争に敗北したわけではない。しかし、これは象徴的な意味で「敗戦」であると私は考えている。

戦後、日本はまず90年代にアメリカとの間で「マネー敗戦」を経験し、「金融ビッグバン」を受け入れた。そして2011年、「原子力敗戦」を経験したのだ。だからこれは「第三の敗戦」である。

終戦後にはそれまでの価値観が崩壊し、アノミー状態が生まれる。そして、その状況に諸外国はすばやく反応する。アメリカの「トモダチ作戦」も視点を変えれば、震災後の混乱状況に乗じて、アメリカの国策に適《かな》うように日本をコントロールしようとする狙いがあるのかもしれないのである。

米財界と戦略国際問題研究所（CSIS）、そして日本経団連は、復興プロジェクトを行うための数十人規模のタスクフォース（特別に編成されたチーム）を立ち上げている。このタスクフォースが日本を管理していく。そういう「日本再占領」がすでに始まっている。

震災直後に宮城県や岩手県に派遣された米軍の救援部隊が、被災地の子供たちにキャンディなどの菓子を配ったとある新聞が報じていた。「ああ、この国はもう一度戦後からやり直すしかないのだな」と思わざるを得ない。

第2章

ウィキリークス流出公電が暴いた〈官僚主導国家・日本〉

世界を震撼させたウィキリークスの衝撃

まず、私は、東日本大震災によっていよいよ明らかになった日本の「統治能力《ガバナビリティ》の欠如」という現実の背後で、２００９年の民主党政権がその発足当初から、失敗を運命づけられていたことを論じたいと思う。官僚主導政治の打破を目的に誕生した民主党政権は、その標的となった官僚機構の徹底的な非協力姿勢によって自壊していった。そのことは、アメリカの外交官が記録する公式文書に記録されていた。これが本章で取り上げる「ウィキリークス」が流出させたアメリカの外交公電である。

２０１１年3月11日の原発震災から2カ月を迎えようとする5月上旬の連休の真っ最中に、朝日新聞は一面で、民主党政権が発足後、最重要課題としていた日米の普天間基地移設交渉に関する大スクープを報じた。これは「米軍グアム移転費水増し　日本の負担軽減装う」というもので、見出しには情報源が「流出公電」であると記されていた。

このスクープは、自民党政権時代の２００６年春、額《ぬか》賀《が》福《ふく》志郎《しろう》防衛庁長官とドナルド・ラムズフェルド米国防長官の間で結ばれた「普天間基地移設のロードマップ（工程表）」に関するもので、「米政府が負担する関連費用の総額を水増しして、日本側の負担割合を見かけ上減らしたことを日本側が08年に追認した」とするものだった。しかも、沖縄から米グアムに移転する海兵隊の実数は、削減効果をアピールしやすいように、実態よりも多い数字を挙げていたという。

この合意は日本側の負担が合計3兆円近くに上るであろうと予想されていたことから「3兆円合意」と言われた。沖縄に駐留する米海兵隊を、一部、自国領土のグアムに移転させるというアメリカ側のグローバルな基地再編のなか、日本側の負担がこれまで言われていたよりも実際には大きかったという事実が国民の目に明らかになったわけだ。

このスクープの出所は、「ウィキリークス」という内部告発サイトが入手した25万点にも及ぶアメリカの外交公電の文書である。

外交公電とは英語では「ディプロマティック・ケーブル」という。世界中の大使館に配置されている大使や上級駐在員が、本国に向けて、自分たちの駐在している国での大きな出来事や自国の利益に関わりそうな政治・経済上の動きを報告する文章である。外交公電は特に機密指定（クラシファイド）されていないものもあるが、なかには「CONFIDENTIAL《コンフィデンシャル》（秘）」、「SECRET《シークレット》（極秘）」、「TOP SECRET《トップ・シークレット》（最高機密）」と機密指定されている文書もある。これが「機密公電」と呼ばれるもので、今回ウィキリークスが公開した普天間移設関連の公電にも、「秘」と「極秘」の機密文書が多数含まれていた。

この公電を朝日新聞に提供した「ウィキリークス」は、ジュリアン・アサンジュ（Julian Paul Assange）というオーストラリア人のハッカーが2006年に設立した内部告発サイトだ。政府、大企業、新興宗教などに関する機密情報を公開するウェブサイトである。

ウィキリークスが一躍、既存のマスメディアに注目されるようになったのは、2010年4月に公開された一本の動画がきっかけだった。それは2007年にイラク駐留の米軍ヘリコプターが、イラクの一般市民やロイター通信の記者を無差別で銃撃し、殺傷した様子を映した衝撃的な映像であった。また、2010年7月には、アメリカ軍や情報機関が保有するアフガニスタン戦争に関する機密書類7万5000点以上を公開した。この中には、アフガニスタン人のアメリカ軍への協力者の実名なども記載されており、情報提供者を危険にさらす可能性があるとして、ロバート・ゲイツ国防長官（当時）がFBIに捜査を依頼したほどであった。さらに10月にはイラク戦争に関する米軍の機密文書40万点も公開している。

ただ、そこまでの文書公開は、アフガン戦争、イラク戦争といった、限定された地域に関するものであった。ところが、さらにひと月後の11月29日に、世界各国のアメリカ大使館発の外交機密文書、約25万件が公開されたことがわかった。公開された外交公電は、バグダッド近郊の基地に駐留していたブラッドリー・マニング上等兵という23歳の情報下士官が、国防省の情報ネットワーク（SIPRNet）から、人気歌手レディー・ガガの音楽CDに見せかけたデータディスクとして無断でダウンロードして持ち出したものだった。

公開にあたっては、世界の主要な有名メディア、アメリカのニューヨーク・タイムズ、イギリスのガーディアン、フランスのル・モンド、ドイツのデア・シュピーゲルに対して、25万点の文書データが供与され、ウィキリークスのウェブサイトで公開される他、これらのメディアが独自の判断で内容を報道することとなった。25万件の内訳は、機密扱いのない文書が13万件で最も多かったが、秘文書が約10万件、極秘文書が約1万5000件であり、国家最高機密に属するものはなかった。

アメリカ大使館発・日本関連1660点の機密文書

私たち日本人の目を引いたのは、25万件の公電のうち5697件が東京発であり、それが全体

（上）ジュリアン・アサンジュ
（下）イラク市民殺戮の衝撃映像

ウィキリークスの情報公開は、世界の関係者を震撼させた。

で3番目に多かったことである。これまで公開されたのはまだわずかな数ではあるが、機密文書だけでも1660点もある。日本では朝日新聞が、報道のために公電をアサンジュから供与されたわけである。

朝日新聞によると、東京発の公電のうち、民主党について言及したものが06年の約200本から07年は約440本、09年は670本と急増している。2011年5月末現在公開されている範囲で、私がウィキリークスの公開サイトや朝日新聞の特設サイトに掲載された公電のすべてを種類別に分類すると、一番多いのが「日本の外務官僚や政治家から、アメリカ大使館が民主党政権に対する聞き取りをしている」ものだ。これがダントツに多くて23本ある。

次に多いのはアメリカが日本の原発政策について述べた公電で、12本ある。その他は、自民党政権時代に安倍晋三、麻生太郎首相らの北方領土政策について論じた公電（4本)、「日本における社会基盤と危機対応」と題し、日本の官僚制度のもろさについて述べたものもあった。その他、東京発ではないが、アメリカの原子力政策ややTPP（環太平洋戦略的経済連携協定）について他国の事情を述べたものもあった（次ページからの表に公電の見出しと簡単な内容を掲げる）

外交公電というのは、いわばアメリカ人の大使館の上級職員が〝お仕事〟として本国に向けて書く報告文である。そのため、新聞記事のようにはわかりやすく書かれていない。実際、背景や事情をよく理解していないと読みづらいものである。ただ、アメリカ人の大使館員が本国にとっての利益になる情報を上司に報告するとか、赴任地での仕事ぶりをアピールする目的で書かれているので、

ウィキリークス流出公電リスト（日本に関する重要なもの）
（発信日、機密指定、発信地、作成者、タイトル、注記（※）の順。筆者作成）

■民主党政権・普天間交渉

❶ （2007.03.12／秘／那覇／メア沖縄総領事）
「久間防衛大臣、普天間代替施設計画をやり抜くことで合意」
※ケヴィン・メア沖縄総領事と久間章生防衛大臣との対話

❷ （2007.11.7／秘／東京／シーファー大使）
「普天間移設について仲井真県知事は圧力を感じている」
※仲井真知事のアドバイザーが、カヌチャベイホテル創業者の白石武博であることが明かされる

❸ （2008.12.19／秘／東京／ズムワルト）
「米国と日本、グアム移転で暫定合意に達する（1）」
※第3海兵遠征軍（MEF）の沖縄からの移転を支える施設とインフラを建設するために、日本政府が28億ドルを拠出することを定めた暫定の「二国間協定」の概要

❹ （2008.12.19／秘／東京／ズムワルト）
「米国と日本、グアム移転で暫定合意に達する（2）」
※❸の協定についての解説

❺ （2009.02.10／極秘／東京／ズムワルト）
「クリントン国務長官の東京訪問に向けた背景説明」
※ヒラリー・クリントン来日のためにズムワルトが用意した「カンニングペーパー」

❻ （2009.7.21／秘／東京／ズムワルト）
「キャンベル次官補、岡田克也・民主党幹事長と会談」
※小沢代表辞任後の岡田・キャンベル会談。民主党政権が反米政権と見られないように注意せよと警告

❼ （2009.08.07／秘／東京／ズムワルト）
「民主党に見る、選挙前の対米観の多義性について」
※主にアメリカ留学歴のある主要な民主党議員たちの背景説明、思想による分類

❽ （2009.09.08／秘／東京／ルース）
「鳩山側近（松野頼久）が語る鳩山次期政権」
※鳩山側近の松野頼久議員が語る、鳩山の対米観、小沢一郎。鳩山が「できる限り早く社民党の存在感を排除したがっている」とする意見

❾ （2009.09.21／極秘／東京）
「キャンベル次官補と斎木昭隆アジア大洋州局長が会合」
※斎木昭隆・外務省アジア大洋州局長が「日米の対等求める民主政権は愚か」と発言

❿ （2009.09.29／秘／東京／ルース）
「キャンベル次官補と藪中次官補との会談（9月18日）」
※核「密約」の真相を調査する岡田外相の計画や民主党政権への政権移行について藪中三十二外務事務次官との対話

⑪ (2009.10.5／秘／那覇)
「民主党、普天間問題についての米政府が柔軟であると理解」
※沖縄総領事のレイモンド・グリーンが嘉手納統合案などの普天間移設に関する日本国内事情を解説

⑫ (2009.10.7／秘／東京／グリーン総領事)
「鳩山首相が中国に寄せる関心」
※鳩山の東アジア共同体構想や中国に対する意見についての報告。鳩山の東アジアガス田に関する「友愛の海」構想に対する胡錦濤の反応

⑬ (2009.10.15／極秘／東京／ルース)
「キャンベル次官補と日本政府当局者が米軍再編を巡る経緯について協議」
※カート・キャンベル国務次官補が率いる国務省と国防総省の代表団が、長島昭久防衛副大臣や、外務省、防衛省の高官らと会談。高見沢将林防衛政策局長が、政治家のいない席で「米国側は拙速に柔軟な態度を示してしまわないよう警告」した

⑭ (2009.10.15／極秘／東京／ルース)
「鳩山首相の米中韓関連発言をめぐり、キャンベル次官補と日本政府高官が議論」
※キャンベル次官補と元北米一課長岡本行夫と梅本和義・外務省北米局長が情報交換。鳩山首相の癖が米国側に暴露される

⑮ (2009.10.15／極秘／東京／ルース)
「同盟問題の管理：キャンベル次官補が前原沖縄担当大臣と会談」
※普天間問題で米国の忍耐にも限界があるとキャンベルが圧力。その他、日米関係の好調さをアピールするために「予め描いた筋書き」で実現できる政策課題を探し出すべきと前原沖縄大臣に提案

⑯ (2009.11.27／秘／東京／ズムワルト)
「梅本局長が密約調査に関連し発言」
※梅本局長が、政治家は「同盟管理」の複雑な問題について全く理解していないと不満を米側に吐露

⑰ (2009.12.9／秘／東京／ルース)
「普天間代替施設、民主党幹部が年内の合意は無理」
※山岡賢次・国対委員長とズムワルト首席公使との会話。「来夏の参院選後になれば社民党と国民新党はもはや連立に必要なくなる」と「仲井真知事は再選できない」などの外れた山岡の“予言”

⑱ (2009.12.10／ルース)
「ルースと前原国交大臣会談」
※前原の予測。2010年4月か5月に政権は現行案受け入れを決断する。社民党は連立離脱を余儀なくされるとも予言

⑲ (2009.12.16／極秘・外国人閲覧不可／東京／ルース)
「同盟当局者が民主党政権の密約・普天間の交渉の進め方に激しく憤り」
※有馬裕ら日米同盟に関わる外交官たちが民主党政権について痛罵。ルース大使を驚かせる

⑳ (2009.12.30／極秘／東京／ルース)
「12月21日に開かれたルース大使と藪中外務事務次官との昼食会」
※藪中次官が、「外務官僚が政治家やメディアを教育している最中だ」と発言。

(2010.01.26／秘／東京／ルース)

㉑ 「松野頼久が名護市長選挙に言及」
※松野頼久とルース大使の対話。名護市長選で移設賛成派を官邸がひそかに応援していたと判明する。(結局は選挙で反対派が勝利)

(2010.02.03／秘／東京／ルース)

㉒ 「キャンベルの2月2日の藪中との会談」
※藪中次官が、日米中の関係は「ゼロサムではない」と発言。東アジアサミットへのアメリカの関与について情報交換

(2010.02.04／極秘／東京／ルース)

㉓ 「米日安全保障小委員会会合」
※海兵隊出身のグレグソン国防次官補が沖縄における「緑の同盟」(エコ同盟)を提唱。米側からのグアムでの日米共同訓練の提案、移設代替案はまず米国に相談しろ。日米安保50周年をどのように祝うか。日本側がF35導入に伴う国内国防産業の不安を伝達

■北方領土問題

(2007.01.15／秘／東京／ドノヴァン)

❶ 「サハリン2の再開を日本政府は肯定的に評価」
※日本側はロシアとのサハリン2プロジェクトの再開を領土問題と絡めて肯定的に評価しているが、その二つは関係ないとするアメリカの分析

(2007.6.14／秘／東京／シーファー)

❷ 「G8サミットでの安倍・プーチン会談：ロシアが領土問題への交渉に合意」
※当時の武藤顕・外務省ロシア課長が、ロシアの対中警戒感を利用して、日本がロシアと提携し、シベリア開発に参入し、中国をけん制するとの計画。アメリカの関与を期待すると

(2009.4.19／極秘／東京／ズムワルト)

❸ 「麻生・プーチン会談は米露関係の変更をもたらさないだろう」
※ロシアの日本に対するユニークなアメリカ側の見方。「ロシアは第二次大戦でドイツ側について参戦した日本を恨む」メドヴェージェフ大統領には北方領土に関する情報は入っていない。ロシアのグルジア侵攻は意外なことに日本におけるナショナリズムの高揚につながっていない

(2009.7.24／極秘／東京／ズムワルト)

❹ 「キャンベルと別所浩郎審議官の対談」
※別所浩郎・外務省審議官とキャンベルの会話。領土問題に関する日米露の三国協議を提案

■原発関連

❶ NRC関連：2007年2月ベトナム(フランスを負かせ)、09年イタリア
※(日時不明、メディア報道のみ)NRC(米原子力規制委員会)が、米原子力産業の売り込みに奔走している件

(2008.10.27／秘／東京／シーファー)

❷ 「河野太郎が日本の原子力政策を懸念」
※河野太郎・衆議院議員とシーファー大使との対話。高速増殖炉計画への懸念や電力会社の問題点についての議論

IAEA関連（2009.10.16／デイヴィス）
❸「ＩＡＥＡの天野新事務局長について」
※外務省出身の天野之弥・ＩＡＥＡ新事務局長は重要な決断ではアメリカに従う

■日本における原子力発電所の安全性に関する公電

（2006.1.27／極秘／東京／シーファー）
❶「美浜：日本は核テロリズムの訓練を実施」
※美浜原発での安全訓練を大使館員が視察。シナリオ通りのハプニングなしの無駄な訓練内容を報告

（2006.1.27／秘／東京／シーファー）
❷「柏崎刈羽への視察」
※東電・柏崎刈羽原発６号機を大使館員が視察

（2006.3.27／機密指示なし／東京／シーファー）
❸「地方裁判所が原発停止の判決（3月24日）」
※北陸電力志賀原発の運転差し止め訴訟の内容報告。浜岡原発のリスクについても報告

（2006.11.2／機密指示なし／東京／シーファー）
❹「茨城で国民保護法に基づく核テロ訓練」
※❶と同様の自治体の原子力防災訓練の報告

（2007.1.5／秘／東京／ドノヴァン）
❺「島根原発への視察とMOX計画の討論」
※大使館員の島根原発の訪問報告。島根の地元向け原発ＰＲ施設の報告も含む。MOX燃料が潜在的に核兵器転用しうることをドノヴァン公使が示唆

（2007.2.26／秘／東京／ドノヴァン）
❻「原子力施設のテロからの物理的保護に関する懸念」
※日本の原発に対するテロ対策の懸念。東海村施設で警備員が武装しないことへのアメリカ側が関心を示す

（2007.7.17／機密指示なし／東京／シーファー）
❼「原子力発電：中越地震で火災発生、放射性物質の漏出」
※新潟県中越地震翌日の本国打電。甘利明経済産業大臣（当時）が東電の勝俣恒久社長に運転再開は安全性を確認した後でするように要請したことなどを報告

（2007.7.18／機密指示なし／東京／シーファー）
❽「柏崎刈羽での別の不祥事（続報）」
※中越地震の影響で起きた柏崎刈羽原発での放射性物質漏れに関する報告

（2007.9.25／秘／東京／シーファー）
❾「米日が原子炉の安全保護と緊急対応について議論」
※米エネルギー省が日本の外務省と原発のテロ対策について会談。利用されていない火力発電所についての米側の指摘や、原子炉の警備体制、米国製のシミュレーションツールの使用について。日米の情報交換について外務省側が「国会承認を必要とする」と抵抗

⑩ （2008.2.26／秘・外国人閲覧不可／東京／シーファー）
「**核テロ対策　外務省の日米対話への協力**」
※途上国における原子力インフラの安全性強化。日米機密情報の共有協定について等の議論

■日本の官僚制度批判

❶ （2008.3.18／秘／東京／シーファー）
「**日本における社会基盤と危機対応**」
※日本の官僚機構が、縦割り主義により複合的な災害に対処できない可能性を示唆。日本の地震や火山などの「自然リスク」を分析。日本のサプライチェーンについての重要性を米側が認識

■ニュージーランド発ＴＰＰ関連

❶ （2004.12.15／秘／ウェリントン）
「**製薬市場：解決策まだ見えず**」
※ニュージーランドと米国の自由貿易協定が製薬市場の開放に役立つと予測する内容

❷ （2009.9.18／秘・外国人閲覧不可／ウェリントン）
「**貿易大臣がＴＰＰについて語る。まだ期は熟していない**」
※ＮＺのグローサー貿易担当大臣が、アメリカのＴＰＰ参加が必要であるが今はまだ機が熟していないと発言

❸ （2009. 12. 21／秘／ウェリントン）
「**ＮＺの交渉担当者がＴＰＰの展望と課題を語る**」
※シンクレアが米側にＮＺとベトナムは米国とＦＴＡを締結していないＴＰＰ参加希望国だという点で共通すると発言。ＴＰＰ発効の困難をクリアするには率直な意見交換が必要と

❹ （2010.2.19／秘／ウェリントン）
リードに「ＴＰＰ、国連、フィジー、ＡＰＥＣ等について語る」
※米国側担当者のリード氏とシンクレアがＴＰＰに関する議論。「ＴＰＰが将来のアジア太平洋の通商統合に向けた基盤である。もし、当初のＴＰＰ交渉８カ国でゴールド・スタンダード（絶対標準）に合意できれば、日本、韓国その他の国を押しつぶすことができる。それが長期的な目標だ」と。ただし、アメリカはすでにＮＺの貿易市場を開いているので参加しても過剰な期待を裏切る可能性がある。ＮＺ国内における、モンサントなど穀物メジャーや製薬企業に関する懸念、ＴＰＰのアメリカ議会での批准が極めて重要であることなど

事実関係として一般的に新聞で報じられた内容を伝えているものでも、独特の視点で書かれていることが多く、だからこそ非常に興味深いのである。

たった4年で暴かれてしまった外交公電群

ウィキリークスの公開した文書には公電特有のいくつかの「ヘッダー」が付いている。例えば2007年3月12日の那覇総領事発信の文書には、参照番号「07NAHA47」とあり、「DECL：3/12/2032」と書かれている。これはおそらく「07年の那覇総領事発の47本目の公電」「機密解除は2032年3月12日予定」という意味であろう。

つまり、ウィキリークスは、本来であれば2032年に米公文書館などで機密解除されたのち、情報公開法（FOIA）に基づいて市民や研究者への公開請求に供される文章を、いきなり4年後に公開してしまったということになる。

日本とは違って、アメリカでは公文書の公開がきっちりと法律で規定されている。ほぼ1年に1回公開され、日本の新聞でも、機密解除された文書に関する記事が年のはじめに掲載される。

最近で話題になった記事といえば、2010年2月、ロッキード事件に絡んで中曽根康弘・自民党幹事長（当時）から米政府に「この問題をもみ消すことを希望する」との要請があったと報告する、1976年2月の公文書が公開されたという記事である。公電原文には「MOMIKESU《もみ消す》」

と書かれており、この文書はロッキード事件が、実は、「灰色高官」ともいわれた中曽根の軍用機選定に絡む汚職であったと示唆しているのだとも言われた。のちに総理になった中曽根がアメリカに信頼された政治家であったことはよく知られており、アメリカの「虎の尾を踏んだ」とされる田中角栄とは扱いが違った。この公電だけでは中曽根とアメリカがどのようにロッキード事件に関与していたかはわからないが、いわゆる「ロッキード事件アメリカ謀略説」を補強するものになることは間違いない。

アメリカの公開機密公電を研究した書籍がある。1999年に発刊された『大統領宛日本国首相の極秘ファイル』（毎日新聞社）という本だ。著者の加瀬みき氏は女性シンクタンク研究員で、首都ワシントンの米公文書館（ナショナルアーカイブズ）に日参し、過去の大使館公電を調べた。その中でも同書は、日本の首相となる政治家のその人となりを報告した公電に絞って研究している。それらの公電は、ウィキリークスが流出させた最新の外交公電とよく似た性質を持っている。今回のウィキリークス公電でも、民主党の鳩山由紀夫政権のキーパーソンについての人物寸評を、忌憚《きたん》なく、外務官僚や主要な政治家から聞き取って報告している。

加瀬氏は著書の中で、なぜアメリカがこのような外交公電を重視するのか、その理由を分析して次のように述べている。民主党についての公電をこれから本書で紹介していく上でも、読者の理解の参考になると思うので、紹介しよう。

アメリカは、日本人が何を考え、どのような方向に進もうとしているか、どのあたりで手綱を引き締めるか、有効な対日政策を決めるには、まず「相手を知れ」と情報を集める。外交ルート、CIA、議員同士のつき合い、あるいは民間を通じて、常に情報を収集し分析を加える。日本に関する「National Intelligence Estimate」(「国別分析と政策」)は定期的に見直され、それに基づいて対応が決められてきた。〔中略〕

相手が「敵」であろうと「味方」であろうと、その相手が重要であればあるほど、判断材料を集めることは国家の生命線である。アメリカの世界戦略に照らし合わせると、日本という国は真剣に情報を集めるに足る存在であった。アメリカにある分厚い公文書の量や質を見るとそんな感を強くする。

(『大統領宛日本国首相の極秘ファイル』毎日新聞社、2ページ)

加瀬氏が言うように、アメリカは徹底的に相手の情報を集める。そのためには生《なま》の情報を現地の大使館スタッフが集め、それを本国に送り、それらは官庁の情報ネットワークで共有されている。公電だけではなく、現地特派員が報じる新聞報道、直接のコンタクトなどを通じて得る情報がすべて、「アメリカの国益」というただひとつの目的、合理性のために利用・分析される。

日本には国家戦略がないとよく言われるけれども、それは正しく情報を収集し、分析するシステムが完成されていないのだと思う。たしかに、「インテリジェンス」という言葉を大流行させた元外交官の佐藤優氏のような人は居る。しかし、そのような人物がスキャンダルで晒しものにされ、日陰の存在で終わってしまうのが日本という国なのである。

首脳外交の武器となった日本の総理の「性格・性癖」詳細分析

そこでちょっと寄り道になるが、ウィキリークスの公電の内容を分析する前に、加瀬氏の本に掲載された日本の歴代総理大臣、その候補たちについて述べた公電の一部を見ていこう。アメリカ大使館から本国に送られるおびただしい数の公電の中から、時の日本の重要政治家の「人物評価」に関するものを、加瀬氏は足しげく米公文書館を訪れて探し出している。現代の私たちはアメリカの重要公電を、自宅にいながらにして、ウィキリークスのおかげでインターネットで探し出すことができる。なんともすごい世の中になったものだ。

加瀬氏は吉田茂、鳩山一郎（鳩山由紀夫の祖父）、岸信介、池田勇人、佐藤栄作、田中角栄、福田赳夫、三木武夫、大平正芳にいたるまでの総理大臣の人物評価について、鳩山政権発足当初に岡田克也外相が注目して問題になった「核密約問題」などの日米関係に敏感な位置づけとなる問題をおりまぜながら、公電分析を行っている。例えば、「所得倍増計画」をぶちあげて、日本の高度経済成長時代の入り口で総理になった池田勇人については、次のように「性格」にいたるまで詳細に分析した公電を書いている。

例えば、以下に引用するのは池田首相が1961年6月にワシントンを訪問する前に、国務省が大統領に提出した「資料（Scope Paper)」である。解禁されたのは1997年。手始めにこれを加瀬氏の著作から引用してみる。

Confidential（取扱注意）　解禁番号：NND979037　解禁：1997年
池田首相ワシントン訪問：1961年6月20日〜23日
1961年6月16日

Personality Factors（池田首相の性格）
池田首相は無口で真面目で、どちらかというと非常に堅物である。特に自分が今まで経験したことのないような状況に直面すると、その性格が顕著になる。
今回の訪米は彼にとっては最高レベルでの外交である。その性格上、彼は欧米社会に入ると非常に落ち着かない様子である。特に知らない西洋人に出会うと、非常に緊張する。彼は大蔵省に在籍していたので、経済分野に関しては専門家であると自負している。経済分野以外は、まだ勉強中である。そのため、今回のワシントン会談のために熱心に準備したとはいうものの、自由な意見交換より官僚があらかじめ準備した公式文書に頼る可能性がある。

非公式で堅苦しくない雰囲気を作り、池田首相にとって自信がある経済や財政分野に話を持っていけば積極的に反応を示すであろう。

（加瀬前掲書、104ページ）

ここには池田首相の性格分析と、交渉にあたっての〝攻略法〟が書かれている。国務省（おそらく公電は在東京の大使が作成したものを土台にしているだろう）は大統領やホワイトハウスに対し、対日交渉にあたってはどのような雰囲気づくりをすればいいのかまで指南しているわけである。CIAの担当官はソ連のクレムリンの最高権力者のベールに包まれた性格や嗜好《しこう》の情報を収集してきた。それに比べれば日本の国家指導者の性格について調査するのなど朝飯前だろう。しかし、これはある種の「国家機密」ともいえる内容ではないか。

加瀬氏はこれに続いて、「CIAが作成した文書」として、池田首相、同行者の宮沢喜一参議院議員（後に総理大臣や大蔵大臣）のプロファイル（経歴書）を紹介している。同じく池田首相訪米のためのバックグラウンド・ペーパーとして作成されたものだろう。この中には池田が自民党内の派閥闘争をどのように勝ち抜いてきたか、ファーストレディである池田満枝のプロファイルまで調べ上げてあり、二人の娘がアメリカ留学中だとまで書かれている。

宮沢喜一はこののちリベラルな親米派の筆頭格の政治家として活躍し、アメリカ財界のトップクラスの人々と交わるようになる。宮沢の長女・啓子はアメリカの外交官と結婚しているのだが、女婿の出世をサポートするための道具としても、これらのバックグラウンド・ペーパーは利用されたのかもしれない。

元首相補佐官と北米局長が洩らした鳩山首相の「弱点とクセ」

なぜ池田首相についての身上調査を紹介したかというと、ウィキリークスが公開した公電の中には、わずか9カ月で総理を辞めざるを得なかった鳩山由紀夫の身上調査に関するものも含まれていたからである。

ウィキリークスが公開した公電の一部を朝日新聞が翻訳したものから紹介する。発信日は2009年10月15日、作成者はジョン・ルース駐日大使だ。

09TOKYO2377

発信地：東京　日付：2009／10／15　分類：極秘

「鳩山首相の米中韓関連発言をめぐり、キャンベル国務次官補と日本政府高官が議論」

〔1〜8まで略〕

岡本氏と梅本氏：鳩山氏の人柄

9．10月10日、キャンベル氏との会合で、元首相補佐官の岡本行夫氏が言うには、中国、韓国についての鳩山発言は、強固な考えを持つ人に対するときの首相の弱さが出たという。岡本氏によると、鳩山首相はたいてい、自分が聞いた一番最後の強い意見に基づいて意見を述べているという。同じような話として、外務省北米局長の梅本和義氏もキャンベル氏に対し、10月12日のランチ会合で、鳩山首相は「相手が聞きたがっていることを言いたがる癖がある」とした。梅本氏はまた、北京での鳩山発言は予定されたものではないとし、キャンベル氏に対し、米政府の高いレベルに懸念を上げて欲しいと求めた。

鳩山首相の身上情報を、ペラペラと喋った外務官僚。

（上）岡本行夫・元首相補佐官
（下）梅本和義・外務省北米局長

10．キャンベル氏はこの公電を確認した。
ルース

公電にある「中国、韓国に関する鳩山発言」とは、２０１０年10月10日の北京での「日中韓サミット」で鳩山首相が述べた日米関係に関する発言である。この日、鳩山首相が中国の温家宝《ウェンチアパオ》首相、韓国の李明博《イミョンバク》大統領との会談のあとで、持論の「東アジア共同体」について、「核となるのは3カ国だ。まずは経済的連携の強化からスタートしたい」と語ったことを指している。

このとき、アメリカは、東アジア共同体構想は太平洋地域における「アメリカ外し」なのではないかとの懸念を抱いていた。公電文中の岡本行夫氏とは、外務省北米一課長を務めた親米派で、メディアにも頻繁に登場する安保関連の論客であり、梅本和義氏は流出したウィキリークス公電でも防衛省の高見沢《たかみざわ》将林《しげのぶ》・防衛政策課長と並び登場回数の多い、対米交渉の事務方のトップに相当する官僚である。要するに、懸念を示すアメリカ側（キャンベル国務次官補やルース大使）に対して、岡本氏は、「鳩山首相は『自分が聞いた一番最後の強い意見』に基づいて意見を述べている。つまり、中国や韓国の首相の主張に引きずられているのですよ」と、アメリカ側をなだめているのであり、梅本氏も同様の釈明をしているわけだ。

これもまた、首相の性格や癖に関する極めて重要な報告である。鳩山氏はアメリカに行けば日米関係の重要さを訴え、中国・韓国に対しては東アジア共同体の重要性を訴えるのだと公電は暗にほのめかしている。この優柔不断ともいえる性格を利用してアメリカは、普天間移設問題（後述する）での鳩山攻略策を練ったことが文面からもうかがわれるのである。

このようなインテリジェンスとして活用しうる公電をアメリカの国務省に限らず、日本の外務省も実は蓄積しているのだろう。しかし、公電というのは同時に大使館から本国に対して、「駐在外交官である自分たちはちゃんと仕事をしていますよ」という「報告文」でもある。後述するように、官僚主導で、官僚に政治家が舐《な》められているような状況では、外務省が入手したそれらのアメリカ情報は対米交渉に有益に活かされなかったのではないか。

今述べたようなブリーフィングペーパーは、アメリカ大統領や国務長官にとっては大変有益なものである。なぜなら、アメリカ大統領は世界の中で、日本だけを相手にしているわけではないからだ。一日に数カ国の指導者と会うこともあるし、国政課題や自身の選挙活動もある。そんな多忙な大統領が頼りにするものといえば、大使館がまとめたバックグラウンド・ペーパーくらいしかないだろう。だから、アメリカでも外交はよほど大統領が重要視する課題でなければ、各国に駐在する大使館員という官僚が作成したペーパーに依存せざるを得ない。

後でも述べるが、官僚というのは国を代弁する前に、各省庁の利益を否応なく代弁する。もちろん、現地の情報を一番持っているのは官僚たちなのは言うまでもないが、彼らは無意識にあるいは意識的に、官僚機構にとって利益になるように手柄を強調したり、文書を作成したりするものである。これは専門的には情報の非対称性による官僚機構の「エージェンシー・スラック」の問題というが、ともかく、官僚機構の作成する資料に基づいて外交が行われているということを、まず理解していただきたい。みなさんがビジネスマンだったとして、相手企業との商談に臨む際に、相手側の交渉相手（カウンターパート）について、このように冷静に客観的な「インテリジェンス」と呼べる形で部下に報告させることはめったにないはずである。要は国益が掛かっている。

以上のように、池田勇人首相や鳩山由紀夫首相について報告した公電の内容によって、外交公電とは何のためにあるのかという、その目的についてはおおよそ理解できたと思う。それではいよいよ、話をウィキリークスの今回の公電の内容の分析に進めたいと思う。

流出した公電の内容──「新政権」「普天間」「原子力問題」の深刻度

朝日新聞やガーディアン紙、ニューヨーク・タイムズ紙が報道したウィキリークスの公電は、まだ一部しか公開されていない。朝日によれば最も新しいものは2010年2月3日までということだから、鳩山政権がいよいよ追いつめられていく2010年4月以降の公電が未公開なのは残念だ。

先に掲げた一覧表を見ていただければわかるように、2011年5月までにウィキリークスが公開した公電のうち、最も数が多いのは〈民主党政権・普天間交渉〉に関するもので、ついで〈原発テロ・安全対策関連〉である。〈北方領土問題〉についてのものもある。もちろん、これは3月11日の大震災後、福島第一原発事故があったために、世界的にも関心の高い原発関連の公電を選択的に優先したという事情もあるだろうし、朝日新聞も自社の報道を検証するという意味で普天間交渉に関するものを選んだという背景もあるだろう。入手した公電全文を社内で握りしめていないで、本当はもっと早く公開してもらいたいものである。

朝日新聞が一面トップで報道したのは、米海兵隊の普天間飛行場のグアムへの移設費用について、「米政府が、関連費用の総額を水増しして日本側の負担割合を見かけ上減らし、日本政府も08年に追認していた」という公電だった。

公電の中には、久間章生《きゅうまふみお》防衛大臣との対談を、アメリカのケヴィン・メア沖縄総領事が私小説・エッセイ風に報告するというなかなか面白い趣向のものや、仲井真弘多《なかいまひろかず》沖縄県知事のブレーンである沖縄のリゾート開発業者の名前が実名で（朝日は伏せ字で報じている）書かれているものもあり、全部を紹介して細かく分析したいほどだ（6月以降も北朝鮮関連やアフガニスタンへの自衛隊派遣の是非をめぐる公電が続々と公表されている）。

ただ、ここではそういった覗き見趣味的な細部にこだわることはあえて避け、外交史的にも意味のある日米交渉のキーパーソンの思惑がよく現れている公電だけを取捨選択して解説したい。

先の表に掲げた公電リストのうち、2009年2月10日から2010年2月4日のほぼ1年にわたる部分がやはり重要だろう。この期間の公電を詳細に分析していくことが、民主党政権が今も迷走する理由を解き明かす鍵になると考えられるからである。

日米「裏切り」外務官僚たちが陰で手を握り合っていた

まず最初に紹介する公電は、09年2月の麻生太郎政権の末期、ヒラリー・クリントン国務長官が訪日する際のブリーフィング・ペーパーであり、在日大使館のナンバー2であった首席公使のジェイムズ・ズムワルトの筆による。ズムワルトは1981年にアフリカで外交官生活を開始し、北京駐在時には経済担当公使になっている。1979年には出身地のカリフォルニア大学バークレー校で日本語を学んでいる。在日アメリカ大使館の公式ウェブサイトによれば中国語も流暢《りゅうちょう》だとある。

ズムワルトは小泉純一郎政権時代、日米の重要なアジェンダ（政策課題）と位置づけられていた「年次改革要望書」の担当である経済担当公使となり、さらには首席公使になった外交官である。私も何度か本人を実際に見たことがあるが、日本語が非常にうまく、日本人と話すときには、まるで日本のサラリーマンのように腰を低くして話せる男である。

そのズムワルトだが、クリントン国務長官に向けて「国務長官、ようこそ東京へ」という書き出しで公電を書いている。国務長官が来日時に会談することになる麻生太郎首相、中曽根弘文外相、浜田靖一防衛大臣との間の課題や、民主党政権が発足すれば、その時点では間違いなく総理大臣になると見られていた小沢一郎についても少し述べている。

ズムワルトは公電の中で「在東京大使館はあなたにお会いできることを楽しみにしています」と

いう、上司であるヒラリーへのリップサービスも忘れていない。彼は、2月16日の来日に行われる日米外相会談やその他の関係閣僚会談でヒラリーが「どのように発言すべきか」ということについて、適切に〝振り付け〟まで行っている。その興味深い内容を公電から引用してみよう。

[流出公電❶] クリントン国務長官の東京訪問に向けた背景説明（2009年2月10日）

09TOKYO317
発信地：東京　日付：2009／2／10　区分：極秘
「クリントン国務長官の東京訪問に向けた背景説明」

1．国務長官、ようこそ東京へ。麻生首相、中曽根外相、浜田防衛相は、新政権の外交政策と国際的・地域的なパートナーシップを発展させる方法を議論するため、長官との面会を切望している。あなたの外遊の最初の訪問先が日本であることは、日本の指導層並びに国民に我々の二国間関係の重要性を思い起こさせることになった。最近、日本にとっての最重要課題は、混乱した国内の政治状況と絡み合った国際的な経済停滞だ。〔中略〕

2．日本の経済的繁栄に関する懸念と混乱した政治システムが相まって、麻生太郎首相への不満足度を悪化させ、その結果、野党民主党に政権交代する時期であるとの世論感覚の高まりに結びついた。大きな変革の中で、世論調査は、有権者が麻生よりも野党指導者の小沢一郎を首相適任者とますます認識していることを示した。とはいえ、麻生だけが国会解散権を持っており、多くは、麻生は今春に予算案を通した後に解散総選挙に打って出ると見ているが、麻生は国会任期が終わる9月までとどまると見る人もいる。

〔3～4略〕

5．新政権の二国間関係への見解についてのあなた自身の考えを、対話者は求めるだろう。特に、彼らは、我々新政権が日本との同盟を犠牲にしてまで米中関係の強化をしないとの方針を聞きたがるだろう。世論調査は、日本人が二国間関係の現状に懸念を強めていることを示しており、それは米国による北朝鮮のテロ支援国家指定の解除とともに、中国政策の不確かさが理由の一つになっている。

〔6～7略〕

8．これに加え、日本はいま、原子力空母の前方配置を受け入れており、両国のミサイル防衛協力も迅速に前進し、計画立案や情報共有での二国間協力も増えている。日本には平和主義が深く根付いているものの、最近は北朝鮮の脅威や中国の軍事力投影能力の強化などを背景に、日本の安全保障には米日同盟と日本における米軍基地の存在が不可欠であるとの新たな認識が、一般世論にも識者にも生まれている。最大野党の民主党も、基地問題のいくつかの詳細な部分を問題にしているものの、同盟が日本の安全保障上の中核であるという政策基盤を維持している。同盟の重要性に鑑み、米国は早い段階で外務・防衛担当閣僚会合（2プラス2）を開催する意図があると、あなたが日本側に伝えることをお薦めする。

〔9～10略〕

11．懸案事項に関する概略は以下の通り。在東京大使館はあなたにお会いできることを楽しみにしています。〔後略〕

ズムワルト

（http://www.asahi.com/special/wikileaks/TKY201105100407.html　傍線引用者）

いささか長い引用になったが、いかがだろうか。ズムワルトのいじましいまでの配慮が行き届いたペーパーではないか。

事実、このペーパーの指南するとおりに、ヒラリーは来日時の中曽根外相との会談で、「同盟はアジア太平洋地域の平和と繁栄の礎だ」（読売新聞、2月18日）と話し、ペーパーとは表現は変えているものの、「オバマ新政権は日本との同盟を犠牲にしてまで米中関係の強化はしない」との意図を明言したわけである。このときヒラリーは、民主党の小沢一郎代表（当時）とも会談している。この際、ヒラリーと小沢は会談しないという観測も一時は流れていたが、結局は、表面上は満面の笑顔で会談している。

なお、小沢はこのとき、「同盟は従属関係ではいけない。互いに主張し、より良い結論を得て、しっかり守る関係であるべきだ」（読売同記事）と主張している（小沢一郎と日米関係については章を改めて論じたい）。

この公電では「懸案事項」として、日米同盟、地球温暖化、北朝鮮との6者協議、イラク、アフガン問題からイラン問題、米国産牛肉輸入問題、児童ポルノ問題までひと通り、ヒラリーにレクチャーしている。この中で「核不拡散」と題する項目がある。この時期はちょうど、ＩＡＥＡ（国際原子力機関）のモハメド・エルバラダイ事務局長が勇退し、後任を選ぶ選挙の時期にあたっており、結果的にアメリカでの留学経験のある外務官僚の天野之弥《あまのゆきや》が選ばれた。天野はウィキリークスの別の流出公電で、「重要な案件では常にアメリカに従う」と述べたと暴露されている。ズムワルトは「日本からの候補者はエルバラダイ事務局長の後任の有力候補だ」と、ヒラリーに伝えている。

【流出公電❷】キャンベル次官補、岡田克也・民主党幹事長と会談（2009年7月21日）

続いての公電は2009年7月21日のもので、執筆者はやはりズムワルトである。このときはすでにトマス・シーファー大使が離日していたので、後任のルース大使の指名・承認が決まるまでは、ズムワルトが臨時代理大使の位置づけだった。

この公電では、もはや確実視されていた民主党への政権交代を念頭に、新政権の重要人物になるであろう岡田克也幹事長（当時）と、来日したカート・キャンベル国務次官補との会談内容を報告している。

冒頭の公電要約では「キャンベル次官補は、米国政府は選挙にいたる段階では中立のままでいることを約束し、民主党に対して反米であるかのように見られる立場をとらないように説いた」とある。さらに、公電本文でも「キャンベル次官補は、（日本の）新政権の指導層が、北朝鮮や中国、アフガニスタン、パキスタンなどの国際問題と地域問題に関する米国政府の立場を十分に理解することを求める、と発言した」とある。さらに念を押すように、キャンベルは「米国における（日米）同盟への強い支持は超党派（民主・共和両党）のものであり、（日本の）民主党は反米（原文ではanti-American）と認識されないために必要なステップを踏まなければならない」と述べた上で、そ

公電の作成者と、
公電で暴露された元外務官僚。
（上）ジェイムズ・ズムワルト首席公使
（下）天野之弥ＩＡＥＡ事務局長

のような認識が生じれば「日米両国民の間に二国間の関係への疑念を抱かせ、日本の民主党はおそらくは支持を失うことになる」とさえダメ押ししていた。

ここで重要なのは、政権交代にあたって、「民主党政権が反米政権になるのではないか」と懸念したキャンベル次官補の発言である。岡田幹事長は重ねて「日米関係を強く信じている」と述べているのだが、岡田は鳩山政権で外相になったおりに「東アジア共同体にはアメリカは参加しない」と述べて、物議を醸している。この公電からは、アメリカは同盟国である日本に対して、自国と同様の東アジアの戦略環境認識を持つように求めていることがわかる。民主党の若手政治家を集めた会合で「今の民主党政権の外交政策ではアメリカは反米であると認識せざるを得ない」と、別の米元政府高官も警告していた。

民主党議員たちが連発していた「ボタンの掛け違い発言」

民主党政権に対するアメリカの懸念は次に示す公電でも明らかになっている。

この公電は、それまで自民党の政治家を主な交渉相手としてきた米外交当局が、民主党のキーパーソンをまとまった形で知ることになった公電の一つだろう。ズムワルトは長年培《つちか》った日本についての知識を総動員して、民主党の主要な政治家を簡潔に分類している。

ズムワルトは「自民党が親米で民主党が反米である」というステレオタイプには異論を唱えつつ

も、やはりここでも分類の基準は「親米か反米か」というものである。彼は、アメリカの利益に関わる争点における民主党の立場を整理した上で、政治家の分類作業を行っている。

[流出公電❸] 民主党に見る選挙前の対米観の多義性について（2009年8月7日）

09TOKYO1811
発信地：東京　日付　2009/8/7　分類：秘
「民主党に見る選挙前の対米観の多義性について」

1．要約：自由民主党を親米として、野党民主党を米国益に非友好的な党と描くメディアの記述は、過度に単純化されている。民主党議員は自民党議員よりも、日米同盟に関する諸問題に、疑問をより鮮明に示してきたが、国内政治の事情や民主党指導層の米国への好意的な態度を考慮すると、現実はもっと種々のニュアンスを含んでいる。民主党は政治的イデオロギーにおいて広範な広がりを見せており、もし8月30日の総選挙で勝てば、米国に関する外交問題について、共有できる政策の下で所属議員をまとめなければならない。「日米同盟の最重要性」と言いながら、より自立した外交方針を掲げる鳩山由紀夫・民主党代表の最近の発言は、日米関係におけるあいまいさの典型例だ。しかしながら、鳩山はオバマ大統領との「信頼の関係」を一刻も早く構築することを望んでいる。要約終了。

米国関連の争点における最近の民主党の立場

〔2～5略〕

民主党内の幅広い見解

6．民主党の外交、安保政策の専門家の中には、一般的に米国と日米同盟に好意的な立場を示す有力者が多い。彼らの中で、小沢一郎は、かつては政治家人生において同盟への理解者だったが、最近は国内政治における人気集めのために〔注：原文はto score domestical political points〕、反米的な外交政策（の公表）を利用している。現在の民主党代表の鳩山由紀夫（スタンフォード卒業生）も、岡田克也・幹事長も、前原誠司・副代表も保守的なバックグラウンドを持ち、一般的には親米的な立場を支持してきた。米国と緊密に協調してきた他の民主党指導層には、長島昭久（党幹事長代理、ＳＡＩＳ卒業生）、渡辺周（党幹事長代理、コロンビア卒業生）、末松義規（青少年問題特別委員長、プリンストン卒業生）、榛葉賀津也《しんばかづや》（中東専門家、オベリン卒業生）、白真勲《はくしんくん》（影の内閣外務副大臣、朝鮮日報日本支部の前代表、公私で頻繁に訪米経験あり）がいる。

7．安保・外交の専門家ではない者でも、日米同盟や米国に好意的な立場を維持している有望株が多く、舞台裏で我々の目的を推進する上で、（都合の）良い立場にいる。この中には、山岡賢次〔略、引用者注：英語原文では党内での肩書きが入る。以下同じ〕、安住淳〔略〕、枝野幸男〔略〕、玄葉光一郎〔略〕、仙谷由人〔略〕、野田佳彦〔略〕、小沢鋭仁《さきひと》〔略〕、松野頼久〔略〕、福山哲郎〔略〕がいる。山岡、安住、福山は、現在の自民公明連立政権と交渉する能力の高さでよく知られている。枝野、玄葉、仙谷、野田は民主党の岡田幹事長と近い関係にある。小沢〔鋭仁〕と松野は鳩山代表の側近であり、〔米国の〕東京大使館とも密接に連携している。

8．日米同盟の重要性に関わる諸問題で時々反目的な対応をするため、一部の民主党議員はしばしば反米と見られている。しかしながら、彼らの立場の現状は、より複雑だ。例えば、山口壮（前「次の内閣」外務副大臣）は、一方では親米的であり、もう一方では米国の政策に懐疑的であり、この間にいる。外務省の元役人である山口はワシントン、北京、ロンドン（ここで小沢一郎と出会い、出馬を決断した）で勤務していた。山口は現在の日米関係は兄と弟の不平等な関係にあると捉えており、日本の役割を大きくしたがっている。彼は日米地位協定の見直しや現在の普天間移設計画への反対を声高に唱えている。このグループの他の民主党議員には、鉢呂吉雄（「次の内閣」外務大臣）と横路孝弘（前衆院副議長）がいて、両者は自衛隊による海外活動に反対する旧社会党議員である。赤松広隆〔略〕、金田誠一〔略〕、横光克彦〔略、原文はカツヒロと誤記〕らは日米同盟の特定事項への反対を表明している。

鳩山はオバマ大統領との緊密な関係を望んでいる

〔略〕

ズムワルト

(http://www.asahi.com/special/wikileaks/TKY201105090692.html)

いかがだろう。山口壮《やまぐちつよし》が、小沢一郎とロンドンで出会って政界への出馬を決断したという、どこで調べたのだろうと感心するほどの情報が含まれているのも驚かされる。しかも、第6項と第7項に登場する主要な政治家たちは、細野豪志や馬淵澄夫のような若手の名前は無いにしても、本書刊行時における民主党の指導部のメンバーの名前と見事に合致している。

特に、第6項の留学大学別に民主党のキーパーソンを紹介している部分は要注目である。外交の世界でも、経済・金融の世界でも、重要なのは「人脈(ネットワーク)」だ。これが筆者の物事を論じる際の前提である。要するに、アメリカの国益を実現するための近道としては、これらの米留学生上がりの政治家にアプローチしろ、ということである。

アメリカは国家戦略の一環として、アメリカに対する共感度の高い政治家を留学生のころから、アメリカ国内の日本語を話せるジャパノロジスト(日本専門の研究者)を通じて「青田買い」しておく。アメリカはこの戦略を、フルブライト奨学金などのスカラーシップ制度を使って世界中から呼び寄せた留学生に対して等しく行っている。そのためにジャパノロジストたちは、大学の指導教官をしながら、これは有望だと狙いを定めた学生たちをあらかじめリストアップするのである。私はこのシステムを「アメリカのソフト・パワー戦略」としてかつて論じたことがある。この理論的な枠組みの確かさがここで確認できた。

[流出公電❹] 鳩山側近が語る鳩山次期政権（2009年9月8日）

右のリストに挙げられた政治家の中で、着任したジョン・ルース駐日大使が早速目をつけたのが、アメリカ大使館ともコンタクト（接触）があると書かれた鳩山グループの重鎮である松野頼久だった。祖父に松野鶴平、父親に松野頼三という自民党の大物政治家を持つ「三世政治家」だ。この公

目をつけた駐日大使、
目をつけられた民主党議員。

（上）ジョン・ルース駐日大使
（下）松野頼久・衆院議員

電では、アメリカ大使館員が松野と行った会談を本国に報告している。8月末の総選挙で民主党が勝利して新政権が発足しようという渦中であり、いよいよオバマ政権と民主党政権との〝駆け引き〟が本格化していた。

公電は、小沢鋭仁と並ぶ「コンタクト」と紹介された松野の経歴を以下のようにまとめている。父親の頼三と鳩山のつながりにまで踏み込んでいる。

略歴

10・松野は熊本1区当選の4期目。父、松野頼三は吉田茂元首相の秘書で、労働大臣や防衛庁長官、農林大臣を岸、佐藤内閣で歴任した。三木内閣でも党幹部を務めた。松野（ジュニア）の政治キャリアは日本新党の職員になったことに始まり、その後、細川護煕元首相の秘書になった。松野は細川の地盤を受け継ぎ、2000年に初当選。松野の父と、鳩山の祖父や父が政治的に近かったために、松野と鳩山の両者も近い。松野は、政治・政策において鳩山に顔が利く（鳩山に話を聞いてもらえる）、数少ない議員の一人と目されている。

(http://www.asahi.com/special/wikileaks/TKY201105100404.html)

さて、この公電の中で松野は、「鳩山新首相にとっての最重要事項は米国との緊密な関係だ」と述べている。オバマ政権の東アジア外交専門家から、「民主党は反米なのではないか」という印象をかねてより抱かれていたことはすでに見た公電のとおりだ。松野もこの会談ではかなりへりくだって、鳩山の親米ぶりをアピールせざるを得ない状況に追い込まれている。

その背景には、政権交代選挙直前の8月末に鳩山が自身のウェブサイトと雑誌「VOICE」（PHP研究所）に寄稿した論文が、突如、アメリカの主要紙「ニューヨーク・タイムズ」とその国際版の「インターナショナル・ヘラルド・トリビューン」に恣意的《しいてき》に要約されて掲載された事件があった。これにより、鳩山の対米観や「東アジア共同体」構想にアメリカの当局者が疑念を抱く結果になったのである。松野は次のように必死に釈明している。

2．民主党議員で鳩山の側近の松野頼久は、在東京大使館の政務担当官に9月4日、鳩山民主党代表は「大変な親米派」だが、ニューヨーク・タイムズの論壇面では、米国と日米関係に関する彼の見解はねじ曲げられたと伝えた。松野は、鳩山の下で、民主党政府の最大の優先事項は、米国とオバマ大統領と緊密な関係を構築することで、その次に児童手当の増額など、党がマニフェストで示してきた国内政策を実現することだ、と述べた。

3．鳩山は日本にとっての米国の重要性をよく認識している、と松野は続けた。例えば、最近中国は訪米前の訪中を鳩山に提案してきたが、鳩山は拒否した。鳩山は松野に「オバマ大統領が、私が会う最初の外国指導者にならなければならない」と話したという。鳩山は米国でオバマ大統領と会うことを本当に楽しみにしている、と松野は言った。松野はまた、鳩山とルース大使の9月3日の会談がうまくいったことを大変喜んでいた。松野は、鳩山にとっては大使と直接話すことが、米国の考え方を理解する最も早い方法なのだから、鳩山は大使との直通のチャンネルを持つべきだ、と評価した。

(http://www.asahi.com/special/wikileaks/TKY201105100404.html)

このように松野は鳩山首相を必死に持ち上げ、鳩山論文によってあらわとなったアメリカ側の不信感の払拭に努めている。ところが、松野が太鼓判を押した「鳩山が最初に会う外国指導者はオバマ大統領」との約束は実現されなかった。朝日新聞もこの公電を分析した解説記事で書いているが、9月のニューヨークの国連総会では、鳩山氏はオバマ大統領よりも先に、中国の胡錦濤《フーチンタオ》国家主席と会談してしまっているのだ。

この一件で、さらにアメリカの不信感が強まった。その後も鳩山首相側や民主党首脳の不手際による「ボタンの掛け違い」が続くが、それを助長しているのが実は外務官僚であったことが、これに続く公電で明らかになっていくのである。

民主党政権潰しに血道を上げた外務官僚たちの行状

この公電や、後述する09年11月27日の梅本和義・北米局長の発言を取り上げた公電、12月16日や30日の外務官僚の発言を報告した公電は、民主党政権がなぜ失敗したのかを理解する上で極めて重要である。本来なら政権与党の政治家の外交方針を実現していく手足となるべき日本の外務官僚が政治家を裏切り、あろうことか交渉相手のアメリカ側と〝内通〟し、談合して、民主党政権潰しを提案していたことが記録されているからである。

[流出公電❺] キャンベル国務次官補と斎木昭隆アジア大洋州局長が会合

(2009年9月21日)

09TOKYO2197
発信地：東京　日付：2009／9／21　分類：極秘
「キャンベル国務次官補と斎木昭隆アジア大洋州局長が会合」

(要約)

1．東アジア、太平洋地域を担当するカート・キャンベル国務次官補は、9月18日、外

（上）カート・キャンベル国務次官補
（下）斎木昭隆・外務省アジア大洋州局長

「彼らの考えは〝愚か〟であり、彼らもそのうち〝学ぶ〟だろう」

務省で斎木昭隆アジア大洋州局長と面会した。斎木局長は、新しい指導者である岡田克也外相を称賛しつつも、新しい政権が日本の官僚機構を従わせると脅しをかけているのは、結局は失敗に終わるだろうと話した。〔後略〕

要約終わり

（新政権と官僚機構）

2．新しい民主党政権について、斎木局長は、新しく外務省を率いることになった岡田克也外相について「大変知的」として、「諸問題について理解している」ため、就任をうれしく思っていると伝えた。斎木は、岡田は自分の担当する分野（北朝鮮、韓国、中国）では何の問題も引き起こしていないと説明した。民主党政権が官僚機構の力を弱めようと脅しをかけてきたことについて心配している官僚もいるが、民主党がプロの官僚のプライドを打ち砕こうとしているなら、それは成功しないだろうと斎木は述べた。〔3〜8略〕

（民主党政権下での日米関係）

9．民主党の指導者たちの「対等な日米関係」を求める動きについて、斎木は「すでに両国関係は対等なのに、何が鳩山由紀夫首相や岡田外相の念頭にあるのか分からない」と告白した。斎木は、民主党はまだ経験のない政権与党であるだけに、自分たちが日本の強力な官僚機構を抑えて、米国に対しても強く挑戦する新しく大胆な対外政策を行う責任があると示すことで、力と確信にあふれた党というイメージを広める必要性を感じているのだと理論づけた。斎木はこうした考えは「愚か」であり、「彼らもそのうち学ぶだろう」と述べた。

〔10略〕

11．参加者：〔引用者注：この大事な部分を朝日は割愛していたので筆者が原文から復元した〕

（日本側）

アジア大洋州局長・斎木昭隆、垂（中国・モンゴル課長）、島田（北東アジア課長）

（米国側）

カート・キャンベル国務次官補、デレク・ミッチェル（DOD PDAS〔注：国防総省筆頭次官補代理〕）、ジム・ズムワルト（駐日首席公使）、ケヴィン・メア（日本部長）、ロブ・ルーク（TOKYO POL M/C）、マーク・テソネ（特別補佐官）、アンドリュー・オウ（記録係）

12. この公電は、キャンベル国務次官補が目を通し、問題ないとの確認済み

ルース

（http://www.asahi.com/special/wikileaks/TKY201105060396.html　傍線引用者）

民主党政権が「脱官僚主導」を旗印にして、政権交代の旗振り役であった小沢一郎元代表を中心に「政治主導法案」（震災後の混乱で提出取り下げになった）を国会に提出していたのはよく知られている。小沢は主著の『日本改造計画』でも、官僚ではなく政治家主導の政治を創り上げなければならないと力説している。国家の主人は国民であり、その代理人が選挙で選ばれた政治家であるというのは、議会制民主主義の基本中の基本だ。官僚はいわば「高級事務公務員」という位置づけであり、政治家に従うのが本来は当然なのである。

ところが、これまで自民党政権時代の対米外交は「日米事務方同盟」とも言われるほどであった。外務官僚はアメリカに留学し、そこで培った人脈をもとに本国に戻ってきて外交当局者となる。読売新聞などの大手紙の政治部記者も、ワシントンに駐在し、そこにいるシンクタンクの知日派と親

交を深め合うことを求められている。このアメリカのソフト・パワーの影響のもとに、戦後の日米関係が作られてきた歴史がある。しかも、官僚というのは前例主義に依拠し、新しいことをものすごく嫌う。舞台裏を仕切ってきた官僚たちにはそれなりの自信や自負もあり、ゆえに政治家を軽く見ている。これは、その実態が非常によくわかる公電である。

もちろん、民主党政権の失敗の原因を官僚だけに帰するわけにはいかない。これから見ていくように普天間問題の行き詰まりと無惨なまでの政権崩壊は、政権移行時に確固たる戦略構想を持たず、総理大臣である鳩山のいわば「想い」だけで対米交渉をスタートさせたツケが回ってきた面は否定できないからだ。ただ、それでも他国の官僚に対して、自国の政治家を侮辱するかのような発言は許されるものではない。

[流出公電❻] キャンベル国務次官補と日本政府当局者が米軍再編をめぐる経緯について協議(２００９年10月15日)

外務官僚の斎木昭隆の「愚か」発言を記した公電の次には、９月29日、10月５日、７日の公電が続く。それぞれ、核密約問題、普天間基地の嘉手納統合案について、鳩山首相の持論である「東アジア共同体」についての公電である。これらの公電に続くのは、10月15日の２本の公電である。このうち１本はすでに紹介した「岡本行夫氏との会談メモ」であるが、もう１本は普天間移設問題を扱ったもので、長島昭久のように親米だと大使館が太鼓判を押した民主党政権の主要政治家と官僚の間でも、確執があることを浮き彫りにしている。

09TOKYO02378
発信地：東京　日付：2009／10／15　区分：極秘
「キャンベル国務次官補と日本政府当局者が米軍再編を巡る経緯について協議」

要約

〔略〕

高見沢将林防衛政策局長は、米国が日本政府の高官や政治家に、今もなお現行案が有効性を保っていることを説明する際には、米軍の軍事能力や戦争計画、緊密化している米軍と自衛隊との連携といった、2006年以降に生まれた変化についても織り込んでほしいと提案した。彼はまた、日本国民に対して再編関連の問題を説明する際に、米国政府が日本政府と協力してほしいとも促した。

2．高見沢は、（長島〔昭久〕やほかのメンバーがいない）昼食の際、米国代表団は長島の現行案に対する評価を額面通り受け取るべきではないと強調した。高見沢は、民主党政権が気に入るような形に再編案の「パッケージ」を修正することについて、米国側は拙速に柔軟な態度を示してしまわないよう警告した。

〔略〕

これとは別に、10月13日の朝食会では、首席公使、メア東アジア・太平洋・日本部長、国防長官官房のスザンヌ・バサラ日本担当部長、駐日大使館の政務・軍事担当が、米軍再編関連の説明を、総理大臣秘書官の佐野忠克、山野内勘二の両氏に対して行った。

〔略〕

要約終わり

〔略〕

説明についての防衛省、外務省の読み解き

12．この会談について非公式に意見交換をするため、すぐ後に昼食を取ったところ、高見沢局長は、米国側が長島の現行案に対する評価について、過度に安心してはいけないと警告した。〔中略〕民主党政権が気に入るような再編パッケージの修正案をつくっていく交渉過程で、米国政府があまり早く柔軟性を示すのはやめた方がいいと、高見沢は付け加えた。

〔略〕

10月12日の説明の参加者〔以下も朝日は省略しており、筆者が原文から補った〕

15．（米国側）カート・キャンベル国務次官補（東アジア担当）、ジェイムズ・ズムワルト（駐日大使館）、デイヴィッド・シェア（国務次官補代理）、マイケル・シファー（国防次官補代理）、ジョン・トゥーラン少将（在日米軍副司令官）、ケヴィン・メア（国務省日本部長）、ロバート・ルーク（駐日大使館）、スーザン・バサラ（国防総省日本部長）、レイモンド・グリーン（那覇総総領事）〔以下略〕
（日本側）長島昭久（防衛政務官）、高見沢将林（防衛政策局長）、井上源三（防衛省地方協力局長）、芹澤清（日米防衛協力課長）、藤井高文（沖縄調整官）、大和太郎（防衛省戦略企画室長、通訳・記録係）

10月12日の昼食会の参加者

16．（米国側）キャンベル、ズムワルト、シェア、シファー、メア、ルーク（記録係）、バサラ
（日本側）梅本和義（外務省北米局長）、高見沢将林（前出）、船越健裕（外務省日米安保条約課長）、芹澤清（前出）、鯰博行《なまずひろゆき》（外務省日米地位協定課長）
〔政治家が招かれず、官僚だけになっていることに注意〕

10月13日の朝食会の参加者

17．（米国側）ズムワルト、メア、バサラ、ジョゼフ・ヤング（大使館員、POL-MIL チ

ーフ、記録係）
（日本側）佐野忠克（鳩山首相補佐官）、山野内勘二（同）
18．この公電は、キャンベル国務次官補が目を通し、問題ないとの確認済み
ルース
（http://www.asahi.com/special/wikileaks/TKY201105040061.html　傍線引用者）

ここで引用した部分のうち、朝日新聞がなぜか訳出していない第15項から第17項には、会合の出席者の名前が書かれている。政治家をあえて外した昼食会がセットしてあり、ここで防衛省の高見沢将林局長が、アメリカ側に、民主党に嫌がらせをするように申し入れをしていることがわかる。

国と国とが角を突き合わせる外交交渉、いわば真剣勝負の場で、「敵方」にあたるアメリカ側の官僚たちに、日本の外務官僚と防衛官僚が「むやみに譲歩するな」と懇願している。極めて奇妙な光景だが、これが「日米事務方同盟」の実態であることは、すでに斎木局長の「愚か」発言を紹介したので理解できよう。要するに〝敵側〟に、こちら側の事務官僚が結託、内通しているのだ。

これは極めて重大な裏切り行為だ。しかも、裏切られている長島昭久は防衛政務官である。米外交問題評議会というシンクタンクの研究員出身で、かなりの親米派と国内外で目される議員である。

アメリカ側にとってみればこんなにやり易い交渉はない。彼ら外交官は容易に得点を稼げて、本国に好い顔をできる。おそらく、すでに紹介した政治家について報告する公電も、作成にあたって

は、日本の外務・防衛省の官僚たちからの情報提供がかなりあったと想像される。
また、引用では省略したが、この会合には井上源三《いのうえもとみ》（防衛省地方協力局長）も参加していた。井上は「米軍がグアムに駐留しているだけで地域における十分な抑止力を提供しているのではないか」と具申するなど、鳩山政権の進める「普天間基地の移設先は最低でも県外、出来れば国外」という方針に沿った発言をしている。だがそのせいか、12日の昼食会には参加させてもらえていない。自民党政権時代から外務省・防衛省の重要な地位にいた官僚である梅本と高見沢の二人に加えて、プリンストン大学出身でブッシュ政権時代にラムズフェルド国防長官に気に入られたという船越健裕（船越には『アメリカの選択、日本の選択』という著書がある）らが参加し、鳩首会談を米側と開いている。

ここで読み取れるのは、外務官僚たちは時に自分の意向を通すために米側の官僚たちに有益な情報や譲歩という様々な「おみやげ」を与えて、そのギブアンドテイクとして、彼らにとって利益となる形で「外圧（ガイアツ）」をかけてもらっている現状があることである。官僚たちは政治家の方針に「前例がない」などといろいろな理由をつけて抵抗を試みる。それでもダメな場合には外圧を利用する。この内圧と外圧の巧みなコラボレーションが「指圧的」な効果を呼ぶ。外務官僚たちはまさしく、その外圧利用で民主党政権の外交方針に対する「サボタージュ」（破壊活動）を行っているたわけである。

このような日米外交インナーサークルにとっては、鳩山政権の外交政策は官僚のこれまでの外交成果を損なうものとして、一顧だにされなかったのである。

[流出公電❼]同盟管理の問題：キャンベル次官補が前原沖縄担当相と会談

(2009年10月15日)

キャンベル国務次官補は、梅本・高見沢らと会合する前の11日に、これまた親米派の代表格的な政治家であり、国土交通大臣に就任した前原誠司(のちに外相になったが、在日外国人の献金が発覚し辞任)とも会談している。この中でキャンベルは前原と「同盟管理」という極めて実務的な話をしている。この公電も日米関係の舞台裏が見えて興味深い。

(同盟管理 managing alliance issues)

米国政府は民主党政権が、対外関係、とりわけ日米関係について、どう修正を加えればいいのか検証したい、と考えていることを認識していると、カート・キャンベル国務次官補は、10月11日の会談の中で前原誠司国土交通・沖縄担当相に伝えた。

しかし、キャンベル次官補は、「すべての問題を一度に議論の俎上《そじょう》に上げようとする」試みは、同盟関係の土台を崩しかねず、日米両国が条約上負っている義務を果たすための能力について、疑いを生じかねないと指摘した。キャンベル次官補は、前原に、鳩山首相や岡田外相に、両国があらかじめ決めた筋書きに沿って短い期間で取り組めるような課題を一つか二つに絞るよう、伝えてほしいと頼んだ。

キャンベル次官補は、米国政府はこれまで、同盟の取り決めについて見直したり、修正を加えたりすることを求める日本側の複数の提案について、公式には反応を返していないが、万が一この傾向が続いたとすれば、米国の忍耐も限界に近づき、民主党政権の提案を批判する圧力が生まれるだろう、と述べた。また、「関係を再確認する過程の一つの要素として、オバマ大統領が、前向きな雰囲気の中で訪日することが必要だ」と述べた。

(http://www.asahi.com/special/wikileaks/TKY201105060402.html)


この引用部分は、後半の「米国の忍耐にも限界がある」と前原大臣に対して警告を発している箇所も重要だが、前半の「両国があらかじめ決めた筋書きに沿って短い期間で取り組めるような課題を一つか二つに絞るよう、伝えてほしい」とキャンベルが前原に頼み込んでいるところも、日米関係の「馴れ合い感」が感じられる、なかなか興味深い箇所だと思う。

国務次官補といかめしい肩書ではあるものの、結局はキャンベルもアメリカの外交官僚の中のアジア専門官の一人に過ぎない。彼にとって、自分の在任中に日米関係がこじれたり、停滞した印象を本国の政権や議会に抱かれることは、今後の官僚人生、あるいは民間に天下った後の外交専門家としての評価に傷がつくことになるわけだ。だから、あらかじめ決まった筋書きで、双方の官僚がお膳立てすれば無事に解決できるような政策課題をほしがるのである。それだけで彼の対面は保てる。ここでも「日米事務方談合同盟」が顔を出している。

親子二代で米流ソフト・パワーに籠絡された世襲外交官

公電は2009年12月分に突入するが、この間も米大使館は山岡賢次や前原から情報収集をしている。この公電2本も重要であるが、ここでは日米事務方談合同盟の話題を続ける。

その極めつけとも言うべきものは12月16日付の公電だ。この公電は、朝日新聞も現役の外務官僚が問題発言を繰り広げていることに配慮してか、実名と公電の全訳を掲載していないが、それだけショッキングな内容である。この公電には最後にルース駐日大使の署名がある。冒頭の「要約」をまず紹介しよう（以下の引用は拙訳による）。

［流出公電❽］日米同盟《アライアンス・ハンズ》の当局者が、民主党政権の密約問題と普天間代替施設問題の取扱に憤慨（2009年12月16日）

日本外務省の元日米同盟当局者たちが外務大臣主導で始まった「核密約調査チーム」（核持ち込みに関する日米秘密協定の調査）に参加するために本国に呼び戻されている。彼らは現在の民主党政権の日米同盟のハンドリングについて非常に憤慨していると大使館の当局者との会談で語った。彼らは民主党政権のやり方が長期的には日米同盟の方向性を良くない方向で影響を与えると考えているが、短期的には問題はないだろうと語った。彼らは鳩山政権の普天間代替施設を巡るアプローチを激しく批判、米政府に不満を直接的に表明するように強く要請した。

彼らは同時に鳩山政権の日米同盟に関連する問題に対するアプローチからは、同盟にとって好ましくない傾向が生まれていると注意を促した。そして、政府の上級官僚たちが新政権における重要な意思決定から除外されていると懸念を示した。

原文によれば、この公電に出てくる「アライアンスハンズ」の3人の名前は以下のとおり。すなわち、有馬裕、有吉孝史、深堀亮の3名である。有吉と深堀は日米地位協定室に所属したことがあり、深堀はどうやら現在は「外務省国際法局国際法課首席事務官」の地位にあるようだ。有吉は所属は不明だが、過去に横田基地の公害訴訟などで原告団の対応窓口になっていたことが確認できる。公電の書かれた当時はOECD（経済協力開発機構）に出向していたらしい。

そして、一番の問題官僚は、有馬裕《ありまゆたか》である。この人物について、公電の中でルース大使は次のように彼の経歴をまとめている。

有馬裕は、特に、長年に渡り、米大使館にとって主要な情報源であり、分析を提供している人物であり、アメリカについても非常に肯定的に見ている人物である。彼は有力な外務省北米局幹部の息子であり、思想形成期（formative years）からワシントンDC周辺で育っており、ほとんどネイティブに近い英語を話す人物であり、そして外務省の中の出世頭（rising star）である。

ルース大使をして「外務省の出世頭」と言わしめた、有馬裕。彼の経歴は次のようになっている。2008年時点の経歴である。

〈東京大学卒業後、1991年外務省入省。米国留学（ハーヴァードロースクール修士）をはさみ、北米局第一課、第二課、日米安全保障条約課や在米日本国大使館などで勤務。小泉政権後半、安部政権初期には内閣官房副長官秘書に。2008年9月には国際連合日本政府代表部参事官として渡米。〉

それで彼の父親というのが有馬龍夫《たつお》という人物。知米派の槇原稔《まきはらみのる》（三菱商事相談役）とは同窓生のエリート官僚だ。ドイツ大使なども務めているが、以下のような経歴である。

〈1933年、鹿児島県生まれ。1950年、成蹊中学校卒業。成蹊高校在学中に、米国の名門校・セント・ポールズ・スクールへ留学。1957年、ハーバード大学政治学部卒業。1962年、外務省入省。北米局長、内閣外政審議室長、駐オランダ大使、駐ドイツ大使などを歴任。1997年、同省参与。1998年4月から2004年3月にかけ、早稲田大学政治経済学部教授。1998年8月から2008年12月にかけ、日本国政府代表。2002年6月、中東和平問題担当特使。同年12月、中東調査会理事長就任。〉

（ウィキペディア）

彼もまた、思想形成期にアメリカに親しんだ人物。ケネディ時代を知る外交官と言えるだろう。その息子の有馬裕は1991年入省である。外務省時代にアメリカの大学に留学させられている。ここで日米同盟の重要さを教え込まれた人物だろう。私も日米同盟は重要だとは思うが、日本の国益が常にアメリカと同じわけではなく、同盟重視にも程度の問題がある。

こういう親子二代の親米派が日米同盟の当局者として育成されていることが、ルースの書いた公電から読み取れる。これが日米友好の実態であり、癒着ともいえる状況だ。日米事務方同盟はこのような「申し送り事項」に基づいているわけだ。

その有馬裕ら3人の「アライアンスハンズ」の〝名（迷）言集〟をルース大使のメモから紹介してみよう。以下は公電の内容を私が要約したものである。まさに驚愕の連続である。

「（岡田外相の行う密約解明プロジェクトは）時間の無駄である。アメリカ政府が行っているように、一般大衆からの情報公開請求に政府が応じて、機密解除された文書をして語らしむるやりかたの方が論理的である」

「アメリカ政府は普天間問題で過剰に日本政府の態度を理解したように振舞うべきではない。さもないとアメリカ政府がすでに合意済みのロードマップについて妥協する用意があると誤解されてしまうだろう」

「アメリカ政府が何らかの形で不満を（民主党政権に）公的に表明すべきだ」

「上級官僚は政策決定過程から疎外されている、それゆえに、官僚たちは政府の立場や政府内での議論の説明が不正確であっても正すために米国政府と協力しあうことができないでいる」

「この問題を正すべく日本政府に（協力して）圧力を掛けることは効果的かもしれないが、同時にそれは米国に対する反発を起こすリスクもある。そしてそれは民主党政権の連立相手や民主党内の左派の反日米同盟勢力を利することになる」

「民主党政権の政策は意味を成さないが、それを日米同盟反対という文脈で見れば違ってくる。これは憂慮すべき事態である。大多数の一般大衆は安全保障問題の重要性を理解できないし、普天間代替施設問題を前進させることの日本の安全保障にとっての重要性も理解できていない」

以上が、3人の日本の外務官僚（参事官）らの発言である。

ルース大使は、コメントとして、「3人の外務官僚の発言は、その率直さと彼らの上司である政治指導者への憤りの度合いにおいて、驚くべきもの（striking）だ」とまとめているが、私も開いた口がふさがらない。

外務官僚にとって日本の政治家は「敵」であり、「味方」はアメリカ大使館にこそ存在するという証明のような貴重な公電である。彼らの行動は、民主党政権の政治家たちの至らなさを考慮しても決して正当化できるものではない。

有馬裕、有吉孝史、深堀亮は、本来なら国会の証人喚問に呼ばれて然るべき存在だ。ところが、この重要公電が一般にほとんど報道されていないためにそのようなことにはならない。

前にも書いたが、マスコミ関係者もアメリカ留学経験をした上で官邸の政局記者となっており、

「アメリカとの関係が重要である」と異常なまでに刷り込まれている。ワシントン駐在の日本人記者にネタを提供してくれるのは、アメリカの外交官僚や彼らが民間に天下った先のシンクタンクである。情報提供がなければ記事は書けない。出世もできない。情報を持つ側が主導権を握ってしまうわけだ。

新たな密約の発覚が垣間見せた「日米の深層」

なお、この公電では、岡田克也外相が熱心に追及したアメリカの核兵器持ち込みについての、いわゆる「核密約」への言及がある。緊急時や有事において、沖縄に核兵器を米軍が持ち込むのを認めるとした日米両政府の秘密協定である。この協定の存在自体は、当時のライシャワー駐日大使や、その側近だったジョージ・パッカード補佐官らが証言しており、アメリカ側には密約を暴かれることに不都合はない。しかし、日本国内では岡田克也外相に対して、「密約を暴いて今さら何になるんだ」という批判の声と、よくぞやってくれたという当時の関係者の声が交錯した。

なぜ、外務省は日米密約の公開を嫌がっていたのか。実は、さらに「別の密約」が明らかにされるのを恐れていたのである。それは、沖縄返還時にアメリカ財務省と日本の大蔵省によって結ばれていた密約である。

この密約は別名「柏木・ジューリック密約」と呼ばれるものだ。１９６９年12月2日付で、大蔵省の柏木雄介財務官とアメリカ財務省のアンソニー・J・ジューリック特別補佐官が取り交わした。沖縄返還に関する財政負担の内訳などの了解事項を含んでいた。

この密約の存在は、「沖縄返還密約開示訴訟」の中で原告側が国に対して開示を求めていたもので、端的に言えば、1972年の沖縄返還の際に、日米政府の間で公式には認められていなかった日本側の財政負担の取り決めを行っていた。アメリカ側で公開されている公式文書に記されていた負担額は総額5億ドル超、一方、「沖縄返還協定」に基づく日本政府の説明では、合計3億2000万ドル。その差額は約2億ドルである。この負担を「柏木・ジューリック密約」では取り決めていた。

その日本側の「裏負担」として、日本政府は、沖縄返還にあたって、円と通貨交換したドル資金（6000万ドル）を日本政府がアメリカのニューヨーク連邦準備銀行に預金することが決められた。密約では、「沖縄返還に伴い、金利相当額の1億2000万ドルを日本が受け取らず、米側に利益供与する」「少なくとも25年間は預金を預け入れる」と記載された文書が見つかったのである。つまり、これは明確な「裏負担」であった。

これらの事実が2009年12月に行われた沖縄返還密約訴訟の裁判所での審理の際に明らかになった。そして、当時の菅直人財務大臣は、財務大臣談話という形で2010年3月12日にこの密約の存在を認める記者会見を行った。そのなかで菅財務大臣は、「狭義の密約」ではないが「広義の密約」であるとして、その秘密協定の存在を認めたのである。

しかし、これらは何十年も前の話である。なぜ霞が関は何十年も昔の密約の追及を嫌がるのだろうか。その答えもやはり、「ウィキリークス」にあった。朝日新聞は5月4日に報じたウィキリークス関連のスクープで、沖縄のグアム海兵隊移転に関する日米政府の取り決めの中に、沖縄返還密約に類似する性格を持つ日本の「裏負担」についての記述があることを報じていた。

米軍グアム移転費水増し／日本の負担軽減装う／流出公電

日米両政府が在沖縄米海兵隊のグアム移転について合意した2006年春のロードマップ（行程表）で、米政府が、関連費用の総額を水増しして日本側の負担割合を見かけ上減らし、日本政府も08年に追認していた。海兵隊の移転人数についても、削減をアピールしやすいよう実態より多い数字を挙げていた。〔中略〕

海兵隊のグアム移転は、在日米軍再編の中で、沖縄・普天間飛行場の移設と一体となった形で進められる計画。普天間移設は地元の根強い反対で決着しておらず、再編計画全体の数字の粉飾が米公電に明記されていたことで、反発が強まることは必至だ。

問題の公電は08年12月、在日米大使館から国務省あて。日米両政府は当時、06年5月に両国がまとめたロードマップに基づき、具体的な資金負担の進め方などを決める「グアム移転協定」の交渉をしていた。公電は暫定合意の妥結を報告、経緯を詳述している。

公電によると、ロードマップ作成時に日米の負担額を決める際、米側が「実際は必要ではない」軍用道路の建設費10億ドルを再編費用に盛りこんだ。08年の交渉では米側が、軍用道路を盛りこんだのは総額を増やすことで日本側の負担比率を相対的に低く見せることが目的だったと説明し、日本政府もその点を了承した。

92億ドルだった総額を10億ドル増やすことで、3分の2だった日本側の負担比率が60％を切るように操作していたことになる。06年当時は負担割合をめぐって日米間で激しい駆け引きが行われており、日本側が受け入れやすくするための措置だったとみられる。実際には軍用道路も含めて、グアム移転全体が進んでいない。

（「朝日新聞」２０１１年5月4日）

この記事をふまえて、朝日新聞が報じた公電の原本（２００８年12月19日付、先の一覧表では❸と❹の公電）を読んでみると、さらに重大なことがわかった。

これは密約ではなく公表されていることだが、日本政府は普天間基地の海兵隊の移設にあたってグアムの施設建設の負担の一部を肩代わりしている。この事業は外務省の日米安全保障課と防衛省のグアム移転事業室が所管である。日本政府の負担分は、鳩山政権になっても毎年予算として拠出されていた。グアム移転費の負担分をアメリカ財務省勘定に預金して、移転事業に拠出しているという。例えば２００９年度予算では約３４６億円が拠出され、これが米ニューヨーク連銀の財務省勘定に預金されている、というわけだ。その後も、防衛省のウェブサイトによると、２０１１年度は１４９億円が拠出されている。

２００９年に締結された「グアム移転協定」の第７条には、未使用残余分がある場合にはアメリカ側は日本に返還すると決めているが、グアム移転事業が頓挫した場合や予想以上の負担が必要になった場合については、明確には決められていない。この移転協定はヒラリー・クリントン国務長官が２００９年2月17日に来日した際に締結されたものである。

この移転協定には曖昧な部分が多くあり、しかも朝日が報じたように、「移転費水増し」が行われていた。この事実は、ウィキリークスが明らかにするまで、一般国民には知られていなかったことである。そして、菅財務大臣は、その密約を公表した。岡田克也が取り組んでいた核密約と違って、グアム移転協定の曖昧さを考えると、日本の官僚機構も「すでに終わったこと」と済ませられない。

菅はその後、２０１０年4月23日に訪米、アメリカ無名戦士の墓があるアーリントン墓地を訪問、続いて北沢俊美防衛大臣、岡田克也外務大臣も訪米して、それぞれ墓所に献花している。密約追及と普天間移設に絡むこの3人だけがアーリントン墓地を訪問し、鳩山由紀夫は総理でありながら訪問していない。「反米」との疑いを持たれた小沢一郎も訪問していない。次の総理候補と言われ、震災直前まで総理になるのは間違いないと言われていた前原誠司外相は２０１１年1月にアーリントン詣でをしている。菅、岡田、北沢、前原は、靖国神社には参拝していない。

このことは密約問題と含め、日米関係の「深層」を知る上で非常に大きな意味があると思われる。

エリート事務次官は、国家指導者を「教育する」

ここに来て、ルース大使と藪中三十二《やぶなかみとじ》外務事務次官は、政治家を「教育する」という表現まで使い始める。極秘指定を受けた公電で、ルースは藪中の発言を次のように解説している。

[流出公電❾] 21日に開かれた大使と藪中三十二外務事務次官との昼食会

（２００９年12月30日）

０９ＴＯＫＹＯ２９４６
発信地：東京　日付：２００９／12／30　分類：極秘
「12月21日に開かれた、大使と藪中三十二外務事務次官との昼食会」

要約
〔略〕
非公式の会談が望ましい
６．今後何カ月かの同盟の問題をめぐる日米の協議のあり方について、藪中は、非公式の会合が、「2＋2」のような公式の協議形態よりも望ましいだろうと提案した。非公式の会合であれば、両国の政治家が、かぎとなる課題について基本的な相互理解に達することができ、東アジアの包括的な安全保障戦略を再検証し、新政権が安全保障問題に真剣に取り組む姿勢を持っていることを示すこともできる。一部の民主党の指導者にとって、日米の安全保障政策の背景となっている詳細な事情や根拠について理解するのが難しい場合があることを考慮に入れれば、公式的な協議形態はより危険が高い、と藪中はいう。鳩山政権や連立与党の政治指導者たち（その両方か、あるいはどちらか）が、同盟を巡る課題や今後の選択肢について理解が不十分だったり間違っていたりするのに、そうした理解を元に方針を決める可能性があるためだ。非公式の協議は、11月の大統領の訪日を見据え、来年にかけて指導者を教育する機会になるだろう。大統領の訪日は、日米同盟50周年をより肯定的な雰囲気の中で祝う機会になるだろうし、その土台は、来年を通じて進められる緊密な協議中で育まれるだろうと藪中は述べた。

(http://www.asahi.com/special/wikileaks/TKY201105060405.html　傍線引用者)

ここで外務官僚のトップである藪中事務次官は「日米の安全保障政策の背景となっている詳細な事情や根拠」について、「指導者を教育する」と米側に約束している。任期のない官僚たちに比べれば、政治家が実務知識に欠けるのはどこの国でも同じ事情だろう。しかし、他国の外交官僚に対し、自国の官僚がわざわざ、「政治家を教育しておきますから」と確約することは全くの別問題だ。

情報を蓄積し独占している官僚がその情報の非対称性を利用して、政治家をコントロールしたり、教育するというのは、先に触れた「エージェンシー・スラック問題」として行政学でも議論の対象になっているほどだ。日本の政治家が実は外交問題についての知識がないという「みっともない現実」は、これも重要な機密に属することである。それを官僚たちはアメリカ側にペラペラと話している。日本はかつて「スパイ天国」だと揶揄《やゆ》されたことがあるが、それも頷けるではないか。

藪中はメディアと広報宣伝についても次のようにルースに約束している。

メディアと広報

9．原則として、国民は同盟を支持しているにもかかわらず、世論一般やメディアの一部は安全保障問題をよく理解していない、と藪中は指摘した。新聞の論説委員や財界は問題をかなりよく理解しているが、テレビのコメンテーターや政治家たちは、安全保障問題をしっかりと把握していない。彼らを教育することには価値があるかもしれないと、藪中は付け加えた。特に、藪中は、手を伸ばせばうまく応じてくれることが予想される、影響力も人気もあるテレビのコメンテーターの何人かについて言及した。

(http://www.asahi.com/special/wikileaks/TKY201105060405.html　傍線引用者)

これではまるで、「マスコミ世論を教育して日米安保に反する報道をしないようにコントロールしますよ」と言っているようなものだ。自分の国の外交官が他国に対して「必要ならば世論操作を行います」と確約していることになる。これも大問題だ。

さらに藪中は鳩山首相の性格や小沢元代表について、またしても「機密漏洩」の挙に出ているのも見逃せない。

安全保障問題について鳩山を評価

7．藪中は、首相への助言者たちはいろいろな考えを持っているが、彼らの私的な助言は表に出てこない、と述べた。時として、鳩山自身の考えを読み取るのが難しい。政策の

藪中三十二・外務事務次官

トップ官僚は「教育する」のがお好きのようだ。

見方や分析に対して、鳩山は異を唱えるようなことはほとんど言わないことが多いので、鳩山の助言者たちは、実際はどうせない場合も〔引用者注：そうでない場合にも、の意か？〕、鳩山が自分たちの意見に賛同したとか、ある特定の立場を受け入れたとかいう印象を持つことがよくある。こうした鳩山の遠慮がちな態度が、首相の考えをめぐり、あいまいさや混乱をもたらすことにつながっている。

藪中は、米国が鳩山首相と一緒になって、安全保障問題の基本的な部分について検討、確認し直すことが得策だと述べ、中国への関与政策やその他の政策ももちろん大切だが、日米関係が安全保障の基礎を提供しなければならないと述べた。強力な日米関係が永遠の「有効期限」を持っているわけではなく、鳩山政権が重大な結果を引き起こさずに、国内政治を優先して同盟にかかわる問題をおざなりにすることはできない、ということを、鳩山に強く印象づけることが重要だと述べた。同盟には、絶え間なく配慮を配り、はぐくんでいくことが必要なのだ。

〔略〕

小沢の役割

民主党の小沢代表の政策決定における役割は、いくらか不透明な部分があるが、「小沢の世界観は明瞭だ」と藪中は述べた。日本はアメリカが要望を突きつけるたびに唯々諾々と従ってきた、という考えが、小沢の考え方には深く埋め込まれていると藪中は述べた。

小沢が650人の民主党のメンバーを引き連れて最近、中国に外遊に出たことについて、あたかも中国への「朝貢」のように受け止められたことに、小沢は当惑しているという。このような行動がメディアにどう報じられるかを予見できないことが、政治家としてメッセージを発信するにあたって小沢が時として示す欠点を反映しているのだと、藪中は述べた。そうはいっても、小沢は、陰で実権を握っていると見られている自分自身の役割を認識しており、報道によれば、鳩山首相には、万一自分が普天間問題に関わるようになったら、小沢が民主党の立場を決めているとメディアは伝えるだろうと述べたという。

(http://www.asahi.com/special/wikileaks/TKY201105060405.html、傍線引用者)

たしかに藪中の辛辣な小沢評価や鳩山評価には頷かされる部分もある。それは、長年外務官僚として様々な政治家のもとで働いてきた経験を持つキャリア官僚ならではの分析だろう。しかし、それを外国にペラペラとしゃべるのは問題だ。その時点で彼は、「省益」を守るために米国と内通する「二重スパイ」と言われても仕方がない。

小沢側近・山岡賢次の「勘違い」発言、親米・前原誠司の「誤誘導」発言

ところが、鳩山の「敵」は外務官僚だけではなかったことが、12月上旬に書かれた2本の公電に

よって明らかになる。普天間移設について、すでに2009年末の段階で二人の政治家が「いずれ自民党政権時代に合意した現行案に戻らざるを得ない」と、ルースやズムワルトに明言していたのである。その二人とは、山岡賢次国対委員長であり、前原沖縄担当大臣だった。民主党政権は重要な政策課題を実現しようとするときにも鳩山の「想い」ばかりが先行し、まともな戦略も無しに移設交渉を行っており、それに対して民主党幹部は実に冷淡であったことがわかる内容である。

9日のズムワルトとの会談で、山岡はまず次のように語っている。

［流出公電⑩］普天間代替施設、民主党が年内の「合意は無理」（2009年12月9日）

4．首席公使〔引用者注：ズムワルト〕は、特に沖縄の地方政治と米国自体の予算審議を考慮すると、迅速な決定が必要だと強調した。山岡は、決定はすでになされているとし、残された唯一の課題は、普天間代替施設に関連する予算を箇所付けすることで日本は現行案通りに普天間代替施設を実現するという約束を実質的にしているのだということを、どう米国に説明するかだと述べた。山岡は、鳩山は普天間代替施設案を年内に成立させるために政治的自殺をする覚悟はない、と明言した。岡田外相は、普天間問題を前進させられるならば鳩山が辞任してもいいと考えているかも知れないが、鳩山はそうは考えていない。岡田——自分は鳩山の後継になりうると考えているかもしれないが——が圧力をかければかけるほど、鳩山は政治情勢を熟慮し、自身の地位を守るためには何が最良か考えるようになるだろう。彼は普天間問題のために首相の座を投げ出しはしない、と山岡は述べた。

(http://www.asahi.com/special/wikileaks/TKY201105060408.html)

この山岡の発言にはいくつかの重大な問題がある。まず、山岡の〝予言〟は結局外れている。鳩山は、普天間問題が障害となって首相を辞任してしまった。引用した箇所にはないが、山岡は「仲井真沖縄県知事は来年の知事選では勝てない」とも予言しているが、これも外れている。

そして何よりの問題は、山岡が普天間の移設先について、鳩山の公式的なスタンスとは違うことを大使館関係者にペラペラと話している点である。内閣の一員でもない山岡は総理の代弁者になり

山岡賢次・衆院議員

「小沢側近」と目された議員の発言が、
また新たな「ボタンの掛け違い」を生んでしまった。

得るはずもないのだが、山岡はこの当時、「小沢一郎の腹心」と周囲に理解されており、鳩山と小沢を政権のキーパーソンとみていた米大使館には、山岡の発言が重みを持って受け取られた可能性もある。こうしてボタンの掛け違いがまた起こった。また、山岡はこの会談の中で、沖縄県民の基地問題に対する反対姿勢について、「すべては反対のための反対だ」とも述べているが、誤解を招く表現だ。

翌日の公電では前原沖縄担当大臣とルース大使の間のやりとりが記録されている。ここでも前原は、政権の公式姿勢とは異なることを話しているほか、鳩山政権の連立組み替えについても、今後の見通しを大胆に予測している(こちらは山岡と異なり当たっている)。

［流出公電⓫］ルース大使と前原国交相会談(2009年12月10日)

3.日本政府は現行の普天間移設案に対し、米国や沖縄県民の双方に受け入れ可能な「(複数の)代替案」を模索する。連立相手はこのプロセスに関与する。(注記:我々は民主党が代替案を排除していくプロセスにおいて米政府の関与は望んでいないと聞いた。)

4.もしどの代替案も受け入れられなければ、社民党と国民新党は辺野古案を受け入れるだろう。2つの連立政党は、連立政権としての決定に責任を負うため合意しなければならなくなるだろう。

〔略〕

5．このシナリオのもと、もし米国が現行の普天間代替施設案へのどの代替案にも合意しなければ、民主党は現行の移設案を進め、必要ならゴールデンウィーク（2010年4月29日～5月5日）後に連立を解消させる用意がある。

〔略〕

6．ルース大使は、米国側は鳩山氏が米大統領に「トラスト・ミー」と言った際の問題に加えて、自ら議会の問題も抱えている、と説明した。今年〔09年〕合意する方法が何かないか尋ねられ、前原氏は、社民党が今年前へ進めることには合意しないであろうと100％確信している、とした。前原はまた、現行の普天間代替施設案に対する目に見える代替案を見つける勝算は「事実上ゼロ」だと認識していたが、沖縄県民をさらに刺激するなかで、沖縄に与えるかもしれない損害があるにもかかわらず、政権は一連の過程を乗り越えなければならない、と述べた。

(http://www.asahi.com/special/wikileaks/TKY201105040060.html　傍線引用者)

前原誠司は沖縄担当大臣（国土交通大臣兼務）時代、そして菅政権の外務大臣時代、そして外相を辞任後も、普天間問題の「現行案」（つまり外務省がまとめた案）実現のために尽力した人物であり、アメリカの知日派（ジャパン・ハンドラーズ）の評価も高い政治家である。2011年6月になって、米上院議員らが現行案ではなく嘉手納統合案を持ち出してきた後も、ひたすら「名護市辺野古埋立て」の現行案に固執している。

この公電の中で前原は、「普天間移設の代替施設案について進展が見られなかったのは連立相手の社民党のせいであり、連立を解消しても、代替案を排除していき、最終的には現行案に戻る」とルース大使に確約している。この公電が朝日新聞に報じられると、鳩山前首相は、自分まで「移設先が見つからない場合は従来案に戻ると確認した」と受け取られたことに対して怒りをあらわにした。公電が報道された直後の5月6日に「そのような発言はない」と強く否定している。

その際に鳩山は、「外務省にはそういう考えがあったのではないか。私の考えが理解できなかったんじゃないかと思う」とも話している。ところが、公電では、前原の言葉によって、鳩山を含む民主党の5閣僚が「そういう考え」を確認したことになっている。ここで、鳩山は「自分は外務官僚にだまされた」と言いたいのだろう。これまで外務官僚が述べてきた鳩山の性癖について理解していれば、どのような〝誤解〟が生じたのかは理解できる。優柔不断な鳩山の政策を利用して、どのような意見誘導が行われたのか、わかるだろう。

ウィキリークスの公電に登場する政治家が軒並み公電の内容の事実確認を避けているなか、鳩山だけは不快感をあらわにしてその内容を明確に否定しているのも、鳩山の怒りがよほどのものであったことを示している。この公電を読むと、鳩山が閣内・党内でも普天間問題では信頼されていなかったことがわかる。かたや外務官僚と呼応し、連立組み替えを行ってまで事態を丸く収めようと動いていた政治家までいたことがわかる。なお、山岡に近いとされた小沢一郎は、社民党が普天間問題で連立政権から切り捨てられたときに、社民党の福島瑞穂党首に「あんたの言ってることが正しいよ」と語ったと新聞に報じられた。本当に山岡は小沢の代理人なのか。

このように2009年分の米公電を分析していくなかで、鳩山政権の進める普天間移設問題や東アジア共同体政策は、手練手管の外務官僚や身内である民主党の有力政治家たちからは相手にされていなかったという現実が浮き彫りになってくる。

これらの公電を分析して感じることは、「これでは政権交代がうまくいくわけがない」という一点につきる。外務官僚の民主党への憤りは、それを告白されたアメリカの当局者までもが驚くほど

前原、菅、岡田、北沢は訪れた。
鳩山、小沢は行かなかった。
あたかも〝通過儀礼〟のような無名戦士の墓詣で。

米アーリントン国立墓地で献花する前原誠司・外相（当時）

の、自分たちが長年敷いてきたレールを踏みにじった政治家たちの「政治主導」への怒りに他ならない。

日本の官僚システムへの懸念が原発事故で現実になった

その他の公電は、「北方領土」や「原発関連」、「クラスター爆弾の禁止問題」に関するものである。公電の要旨は前掲の一覧を見ていただきたい。ただ、外せない公電が一本ある。それは「日本における社会基盤と危機対応」と題された２００８年3月18日付のシーファー駐日大使が書いた公電だ。まずは公電本文をじっくりと読んでほしい。

［流出公電⓬］日本における重大な社会基盤と危機対応（２００８年3月18日）

０８ＴＯＫＹＯ００７２７
発信地：東京　日付：２００８／３／18　区分：秘
「日本における重大な社会基盤と危機対応」

1．要約：日本には様々な自然災害や、重大な社会基盤やシステムに対するその他の歴史的な課題がある。その結果として、この国は、例えば地震のような既知の脅威に対応する準備と能力を発展させてきた。そして、他国が災害に準備、対応する能力を高めるのを助けるために、そうした情報を共有する意思を示してきたという経緯がある。しかし、官僚制の中での縦割りと目先のリスク回避の気風が、例えばパンデミック（感染症の大流行）のような、それほど準備が整っていない脅威に対する日本の脆弱性を大きくする可能性がある。米国と日本の経済の統合度合いや、世界第2の経済国としての日本の地位を考え合わせると、日本での破滅的できごとが及ぼす影響は重大なものになる可能性がある。重大な社会基盤とその防護という課題に関する二国間の接触をさらに進め、いかなる重要社会基盤や危機対応に関する作業についても、日本を加えるようにすることは有益であろう。要約終わり。

〔略〕

日本における災害と脅威

16．日本は破滅的な自然災害に見舞われてきた歴史がある。歴史的に見て、重大な自然の脅威としては地震、火山噴火、暴風雨と大火がある。1923年の関東大震災はM7・9で、およそ10万5千人が亡くなった。1995年の阪神（神戸）大震災はM7・3で、6437人が犠牲になった。1996年と2005年の間に世界で発生したM6・0以上の地震のうち20・8パーセントは日本で起きた。世界の活火山のうち7％は日本にあり、富士山は最後の噴火は1707年から1708年にかけてだが、なお活動を続けており、3000万人の住民がいる首都圏にとって脅威である。暴風雨はもう一つの問題で、1959年の伊勢湾台風は5098人の命を奪った。しかし、災害による死者数は明らかに下降傾向にある。この状況に貢献した要素としては、技術・工学の改善と安全基準の強化、危機への準備や対応の改善などが挙げられる。

17．日本はその他の種類の脅威にも直面しており、その中でも最も深刻なものの一つがパンデミック（感染症の大流行）である。〔略〕

18．日本は電力需要のうち約30％とかなり原子力発電に依存している。日本ではこれまで原発に対する攻撃は起きていないが、いくつかの施設で安全に関する事故が起き、中には犠牲者や長期間の運転停止を招いたものもある。最も最近の例でいえば、発電容量でみると世界最大の原子力発電所、新潟県にある柏崎刈羽《かしわざきかりわ》原発は、2007年7月の地震から操業停止している。2007年夏にはまた、北海道電力は、泊《とまり》原発での原子炉建設現場での放火とみられる不審火を防げなかったことで批判を受けた。

〔略〕

緊急即応性と対応

〔略〕

21．日本の官僚制や計画制度は融通が利かない可能性があり、その結果、日本はなお、

異なる種類の準備が必要とされるような未だによく理解されていない脅威に対してはなお脆弱性を有しうる。〔略〕

22．コメント：発達したハイテク技術や、その産業分野、消費分野での応用は長年、日本の経済成長の鍵となる要素となってきたし、米国の主要企業やほかの企業にとってもそれが現実である。供給ラインの根絶は重大な結果を及ぼしうる。同様に、国際金融サービスや通信、運輸上のハブとしての日本の役割が意味するのは、ここで挙げたような諸活動を阻害するような攻撃やその他の重大事態が起きれば、米国やその他の同盟国にも深刻な影響を及ぼす可能性があるということだ。参考公電に挙げたような努力を米国が進めるにあたり、万が一の混乱を防ぐため、あるいは実際に起きた場合に悪影響を最小限に抑えるために我々が取れる諸手段について日本と接触して協議することを検討するのは有益かもしれない。コメント終わり。

シーファー

（http://www.asahi.com/special/wikileaks/TKY201105030556.html　傍線引用者）

この公電では日本の社会基盤が直面する危機について、「情報とコミュニケーションのシステム」「空港と港湾のセキュリティ」「金融市場の基盤」について論じた後、「自然災害」や「生物科学兵器テロ」「原発事故や対テロ対策」について言及されている。とくに重要なのは、日本の官僚機構が

「予期せぬ複合災害に対応できない可能性がある」と警告している点である。

3・11の大震災による津波と原発事故では、原発政策を所管する経済産業省やその下部組織である原子力安全・保安院、そして内閣府の原子力安全委員会、果ては首相官邸にいたるまで、この未知の複合災害に全く対処できなかった。アメリカが30年前に対処していた非常時の原発の電源確保や、福島第一原発の炉を設計したGEの元技師らが告発した原発の耐震性の問題についても対策を先送りしてきたことが徐々に明らかになっている。

ウィキリークスでは同じくシーファーが、大使館員が日本国内の原発を視察した際の報告書や、原発の対テロ対策や事故に対する訓練にリアリティが欠けていることについても本国に注意をうながしている。公電では、「米当局者が訓練の台本があまりに周到に計画されすぎていて、訓練の現実味がかえって薄れてしまっている」と報告されている。２００７年の中越沖地震など原発立地地域で大きな地震が起きたときには、かなりすばやく本国に第一報と続報を打電していることも、アメリカが「原発と地震」の問題に強い関心を持っていたことがわかる。

なお、菅首相の静岡・浜岡原発の停止の急な決定の背後に、関東に駐留する在日米軍への影響を懸念したアメリカの圧力があったことは大前研一氏や青山繁晴氏が指摘している。ここでは、シーファー大使は同盟国日本の列島全土に散らばる原発がアルカイダなどのテロ組織による破壊活動を受けることを大いに懸念していたようである。これらのリスクを放置しておくことは、結果的に同盟国日本の弱体化につながると同時に、中国など周辺国に与える地政学的影響も大きい。日本国内で活動する米軍の安全性に支障が生じてしまう。覇権国であるアメリカにはこのように、さまざまなシナリオに即した危機管理のシミュレーションを繰り返し行う「戦略文化」が存在しているのだ。

「日米事務方談合同盟」の行動から見えてきた亀裂

このように、ウィキリークスの公電からは、アメリカの最大の同盟国でありながら全く信用されていない日本の姿が浮かび上がってくる。アメリカの顔色を終始うかがう情けない外務・防衛官僚の姿が描かれている。

ここでみなさんに注目していただきたいのは、いくつかの公電に出てきた、会談の参加者たちの組み合わせである。例えばキャンベル国務次官補に対応して梅本外務省北米局長という具合に、日米の外交官僚たちが面と向かい合うときには、一対一の対応関係がある。これが当局者の対応関係である。一般的にキャンベル次官補は「カウンターパート」として梅本局長を認識しており、これが「2プラス2」などの外交折衝では、外務大臣－国務長官、防衛大臣－国防長官の組み合わせをピラミッドの頂点に、事務方の官僚どうしの対応関係が出来上がっている。

この関係を私は、前著『ジャパン・ハンドラーズ』の中で、ジャパン・ハンドラーズ（日本をコントロールする側）とそのカウンターパートとして、アメリカ側が日本の官僚たちを「洗脳し、操っている」という仮説として提示した。その仮説は半分は当たっており、半分は外れていたと言える。外れていたというのは、操っているというよりは日本の官僚機構は自分たちの保身のために進んでアメリカに迎合したり、外圧を利用する側面があることが明らかになったからだ。

このように、本章ではウィキリークスの流出公電を使いながら、民主党政権の政治家たちと日本の外務官僚の間に大きな亀裂が走っていたことを確認した。しかも、アメリカ大使館は、外務官僚や官僚の意向を踏まえた政権内や与党の重要政治家などへの聞き取り調査を通じて、その亀裂が日米関係にいかなる影響を与え得るのかを分析していた。外交公電の中に描かれているのは、鳩山前首相の驚くべき政権内での孤立ぶりである。

さらにアメリカは、その政権内の情報を提供した日本の官僚機構の〝危うさ〟についても言及していた。政と官の対立、官僚の危機管理発想の欠如が、3・11大震災以後の日本における統治能力の崩壊に結びついていったことが、これらの公電からは浮き彫りになっていく。

政権交代を実現させたもののわずか9カ月で鳩山政権が崩壊したことは、言うまでもなく、現在の民主党政権である菅政権の不安定さの大きな原因となっている。1年以上前の鳩山政権のあっけない瓦解は、それだけ今に影響を与えているのだ。

外交公電から、外務官僚側の問題が明らかになった。次章では、「鳩山政権崩壊」の直接的な原因となる普天間交渉の失敗はなぜ起こったのか。鳩山本人の側が抱えていた問題について見ていくことにする。官僚の行動に政権崩壊の責任があるのはもちろんだが、政治家側にも問題がないわけではないからだ。

第3章

普天間交渉の失敗に見る〈世界観の衝突〉と〈時間軸《タイムフレーム》概念の欠如〉

鳩山論文に襲いかかった日米の「内通ネットワーク」

戦後の日本外交は、吉田茂首相以来、「アメリカとの関係をうまくいかせる」ということを最大の目的として行われてきた。それは、外務官僚出身で、現在は日米関係についての評論家の重鎮である岡崎久彦氏が、「日米同盟さえしっかりしていれば日本は孫の代まで大丈夫」と繰り返し述べていることに象徴されている。

だが、2009年に新しく誕生した民主党政権は、その戦後外交の基本路線に大きな見直しを迫ろうとした。これが、外務省の主流派である北米局の幹部たちや、アメリカ側の日米外交の専門家たちを警戒させた。この警戒感が、官僚たちの民主党政権への非協力ぶりと、交渉相手への内通という行動につながっていた。その実態が、前章のウィキリークスの公電分析からも見えてきた。

鳩山前首相本人は日米関係は極めて重要だと考えていたようだが、それは外務省の官僚たちとは違った意味だった。鳩山の言うとおりに外交を進めれば、日米関係は、これまで「日米事務方同盟」がアメリカの官僚と談合で推し進めてきたものではなくなる。別のものになる。それは官僚たちが握っていた様々な既得権を奪うことになる。官僚たちの間には、そのような危機感があった。

そこで、官僚たちは鳩山の弱点を探ることにした。そこにまさに都合よく、鳩山が自分の外交思想について述べた論文が登場した。これが2009年夏に世間を騒がせた「鳩山論文」だった。

前章で確認したように、日米の外交官僚は政治家たちを差し置いて互いに内通している。この鳩山論文へのバッシング騒動からは、その内通のネットワークが、官僚だけではなく、メディアや外交関係を専門とするシンクタンクの知識人たちにまで及んでいることが明らかになっていく。この日米双方の官僚機構のネットワークが、彼らの行動原理と違った発想を持つ民主党政権に対して強烈な拒否感を抱くようになっていく。そして、そのような官僚の裏切りがやがて、民主党政権の土台を蝕《むしば》んでいく。これが現在の状況にまでつながっているのである。

まずは問題となった「鳩山論文」騒動について、その経緯を見ていくことにしよう。

民主党が政権交代を果たす総選挙の投票日まであと数日という2009年8月26日、太平洋を挟んだ向こうのアメリカのニューヨーク・タイムズの論説欄に、「日本の新たな道（A New Path for Japan)」と題する論文が掲載された。論文の書き手は鳩山由紀夫民主党代表。同紙は鳩山の経歴として、「日曜の総選挙で勝利すれば日本の総理大臣になる予定」と書き添えてあった。

この記事にすばやく反応したのは読売新聞と朝日新聞、そして産経新聞など、日本国内の主要紙だった。読売はまず28日付紙面で、現地特派員の記事で淡々と、「日本はアジアに位置する国であることを忘れてはならない、と主張し、自らが掲げる〈友愛〉の精神に基づいて、〈東アジア共同体〉の創設を目指す考えを示した」と短く事実関係を報じている。次に29日には朝日が〝論文〟の内容をさらに詳しく報じている。記事は、「（鳩山）論文をめぐり、米国内に波紋が広がっている」との書き出しで始まる。「冷戦後、日本は米国主導の市場原理主義、グローバリゼーションにさらされ、人間の尊厳が失われている」というグローバリズム批判に特に焦点が当てられている。

さらに、30日になると産経が、「鳩山論文『米に敵対的』米専門家から異議と失望」と題するやや長めの記事を載せている。鳩山由紀夫の外交思想にアメリカがNOを突きつけた瞬間であった。これらの記事に登場した米専門家とは、シーラ・スミス（外交問題評議会研究員）、ニコラス・セーチェーニ（CSIS日本部副部長）である。記事では匿名にされていた元米政府関係者はさらにストレートに、「オバマ政権は、（鳩山の）論文にある反グローバリゼーション、反アメリカ主義を相手にしないだろう」と、鳩山の見解を切って捨てている。

この論文が登場したのは、バラク・オバマ政権が米ウォール街と対決する姿勢をまだ一応見せていた時期であり、米国を震源地としたサブプライム問題やほぼ1年前に起きたリーマン・ブラザーズの破綻の記憶も新しいころである。その流れでこの鳩山論文も、「道義と節度を喪失した金融資本主義」への批判を加えていた。この程度の批判であれば、アメリカの論壇誌でしょっちゅう見かけるようなものである。だから、私も、アメリカ当局者の違和感が大きく報じられたのは、針小棒大に書きたてる日本のマスメディアの「悪いくせ」が出たというくらいにしか思わなかった。

ところがこの問題は、主に反民主党系の読売・産経の両紙上でさらに燃え上がった。政権交代選挙を受けた9月1日、産経は元政府高官や日本専門家を取材し、鳩山の「反米論文」をさらに激しく批判させた。前出の外交問題評議会のスミス研究員は「これはマイナスでなく前向きに受け止めるべきこと」とコメントしていたが、記事全体のトーンは「反米の鳩山が驚くべき論文を書いた」と、民主党新政権の危険性をアピールするものとなっていた。読売は「民主党は、米軍再編の道筋や日米地位協定など、日米同盟の根幹にかかわる政策を掲げており、米政府ではもともと同党への懸念があった」とも書いている。これは第2章で見たウィキリークスにあるアメリカの公電での認識と一致する。アメリカの日本専門家や東アジア担当の外交官僚が抱いていた鳩山への不信が裏付けられた。ワシントン・ポストでは鳩山を「経験不足の政治家」と酷評している。

ただ、もともとこの論文は、ニューヨーク・タイムズで公開される前に、8月上旬に発売された日本の月刊論説誌『VOICE』向けに書かれたものだった。掲載時の題名は「私の政治哲学」であり、原文は英文版の2倍以上の分量があった。読売新聞も報じているように削除された部分が多い。英字紙への転載では、特に、反グローバリズム、米国の力が衰えるなかでのアジア統合の重要性に触れた箇所が重点的に抜粋され、米国に対する鳩山の懐疑的な評価が強調される印象となっていた。

しかも、この論文はニューヨーク・タイムズに英訳される前に、すでに英国のフィナンシャル・タイムズ紙が紹介していたものだ。日本を研究しているシンクタンクの研究員や米外交官僚の眼には止まっていたはずだ。それに政権交代が確定的になるまで話題にすらならなかったというのも不可解である。要約されるにあたって、特定の箇所のみが強調されたのにも意図的なものを感じる。

ともかく、この政権交代選挙直前に沸き起こった「鳩山論文騒動」が、鳩山政権そのものを崩壊させる大きな背景になっていた。ウィキリークス流出公電にあったように、アメリカは政権交代選挙に突入する前から鳩山の対米観を問題にしていた。その意味ではこの論文騒動は、日本のメディアとアメリカ側が繰り出した〝先制パンチ〟だったともいえよう。

鳩山論文が投げかけた「世界観の衝突」という重大問題

「鳩山論文」に敏感に反応したのは、オバマ政権の上層部というよりは、対日対策班《ジャパン・ハンドラーズ》である。対日対策班は外交官僚を含む日本分析を専門の職業とする集団だから、政権交代により現状に大きな変化が起きそうな局面には極めて敏感である。官僚的思考からすれば、出来ることならば現状維持のままか、彼ら自身が主導権を握ることを目指すはずである。

それでは、鳩山論文が投げかけたものとは何だったのか。結論から言うならば、それは「世界観」の問題であった。鳩山が掲げた「東アジア共同体」は、ひとことで言えばアジア主義を実現する外交方針を打ち出すことを意味する。それは、「日米同盟の深化」をキーワードにしてきた「地球規模の日米同盟」という、自民党政権時代の「世界観」とは相容れないものだったのである。

ここで鳩山論文の要旨を示す。

冷戦後の日本は、米国主導のグローバリズムという名の市場原理主義に翻弄《ほんろう》され続けた。

今回の世界経済危機は、米国的な自由市場経済が普遍的で理想的な経済秩序であるという考え方によってもたらされた。

冷戦後の日本社会の変化を顧みると、グローバル経済が伝統的な経済活動を傷つけ、地域社会を崩壊させたといっても過言ではない。

友愛の理念のもとでは、農業や環境や医療といった生命と安全にかかわる分野を、グローバリズムのなすがままにさせるようなことはしない。

「友愛」が導くもう一つの国家目標は、「東アジア共同体」の創設だ。もちろん、日米安保体制は、今後も日本外交の礎石であり続ける。ただ同時に、我々は、アジアに位置する国家としてのアイデンティティーを忘れてはならない。

今回のアメリカの金融危機は、多くの人に、米国一極時代の終わりを予想させ、またドル基軸通貨体制の永続性への疑念を抱かせるものだ。

覇権国家であり続けようと奮闘する米国と、覇権国家になろうと意図している中国の狭間《はざま》で、日本はいかにして政治的、経済的な自立を維持し、国益を守っていくべきだろうか。

これは、日本だけでなく、アジアの中小規模国家が同様に懸念している問題だ。地域の安定のために米国の軍事力を有効に機能させたいが、米国の政治的、経済的な行き過ぎは抑制したい。同時に、拡大する中国経済を秩序だって発展させながら、中国の軍事的脅威を減らしたい。これらは、地域的統合を加速させる大きな要因だ。

（「読売新聞」２００９年９月３日）

このように、鳩山の論文は「『日米安保条約（the Japan-U.S. security pact)』は日本外交の礎石であり続ける」と書いており、「日米同盟（US-Japan alliance)」の語を使っていない。このあたりも、外務省と米国務省の癇《かん》に障《さわ》ったのかもしれない。

そもそも「アジア主義」は、マレーシアのマハティール首相をはじめとして「反米」の手段として持ち出されていたことに注目する必要がある。90年代のアジア通貨危機のときに日本の大蔵官僚が打ち出した〝アジア版ＩＭＦ〟ともいうべき「アジア通貨基金」構想も、米国が難色を示した〝鬼門〟だった。アジアにおけるアメリカの影響力が、自国の金融危機や中国の台頭によってしぼんでいくなか、アジア主義の構想が、今度は日本の次期首相から出てきたのは頭が痛い、という思いもあっただろう。アメリカは中国ばかりでなく、日本にも対処しなければならなくなるからだ。

なぜ、アジア主義をアメリカは嫌うのか。「それはアジア人のアジア」という発想こそ、第二次世界大戦の裏側にあった「大東亜共栄圏」構想を連想させるからだろう。アメリカは今も「環太平洋戦略的経済連携協定」（いわゆる「ＴＰＰ」）の締結による自由貿易圏の構築をもって、台頭する中国に対応しようとしている。オバマ大統領が２００９年11月に極東の入り口にある日本の首都、東京・赤坂で演説したときにも、開かれたアジア政策について訴える形になっていた。

その昔、第二次世界大戦よりずっと前の20世紀前半に、アメリカは、中国の清帝国に対し、鎖国政策をやめて「門戸開放《オープン・ドア》」を行うように促していたことはよく知られている。門戸開放というのは今でいう市場開放の要求のことである。アメリカにとって、アジア政策は極めて重要である。アジアがアジアでまとまる「地域主義」は、アメリカのグローバリズムにとって困ったものであるのは戦前からの話である。

アメリカは、戦前から、渋沢栄一《しぶさわえいいち》、新渡戸稲造《にとべいなぞう》、井上準之助《いのうえじゅんのすけ》などの日本の財界人・知識人・政治家らのカウンターパートを集めて、太平洋問題調査会（IPR）という組織をハワイ・ホノルルに設置していた。この組織は、欧米（アメリカ、カナダ、イギリス）、アジア（日本、中国、インド、パキスタン）の各地に支部があった。日本でも1929年、ウォール街が大暴落を起こしているさなか、京都会議が開かれている。アメリカのアジア政策は「アジア太平洋地域」を単位に行われており、「アジア人のアジア」としてのアジア主義はアメリカの国益に反する、という意識があった。

アメリカが危惧した「近衛文麿の〝英米本位の平和主義を排す〟」

鳩山論文や鳩山の外交思想がアメリカの警戒を呼び起こした理由はもうひとつある。戦前に鳩山そっくりの構想を掲げて登場し、後に総理大臣となった人物がいたからだ。それは近衛文麿《このえふみまろ》である。近衛は公爵だった篤麿《あつまろ》の長男であり、父親の掲げたアジア主義に共鳴していた。その近衛は1919年（大正8年）のパリ講和会議では全権西園寺公望《さいおんじきんもち》に随行している。その前年に近衛はある雑誌に論文「英米本位の平和主義を排す」を執筆している。この論文の内容が、実は鳩山論文そっくりなのである。一部を引用してみる。

要するに英米の平和主義は現状維持を便利とするものの唱える事なかれ主義にして何ら正義人道と関係なきものなるにかかわらず、英米本位の平和主義にかぶれ国際連盟を天来の福音のごとく渇仰《かつぎょう》するの態度あるは、実に卑屈千万にして正義人道より観て蛇蝎《だかつ》視すべきものなり。

来るべき講和会議において国際平和連盟に加入するにあたり少なくとも日本として主張せざるべからざる先決問題は、経済的帝国主義の排斥と黄白人の無差別的待遇これなり。

わが国またよろしくみだりにかの英米本位の平和主義に耳を貸すことなく、真実の意味における正義人道の本旨を体してその主張の貫徹につとむところあらんか。正義の勇士として人類史上とこしえにその光栄を謳われん。

パリ講和会議に出席するにあたって、このように雑誌で理想論を唱えた近衛は当時27歳。やがて彼は支那事変の勃発のきっかけとなる盧溝橋《ろこうきょう》事件のときの総理大臣として事変を泥沼化させたばかりでなく、「大東亜共栄圏」の構築によるアジア主義を実践し、「日独伊三国同盟」をむすび、対米交渉を行き詰まらせて、結果的に太平洋戦争にまで行き着かせた。すべてが近衛ひとりの責任ではなかったのは事実にしても、戦後にA級戦犯に指定されたことを考えると、近衛に対するアメリカの印象は最悪だったと言えるだろう。

また、近衛の主催する勉強会の「朝飯会」や「昭和研究会」にはソビエト・ロシアのエージェントも多数入り込んでいたと言われた。近衛も鳩山由紀夫もともに育ちが良くて聞き上手、そこそこ聡明で見識もありそうだが、実は信念らしきものはなく、いろんな人に影響を受けて定まらない。理想に燃えたアジア主義がどのような悲惨な結末をもたらしたかは、アメリカのアジア研究者たちの頭に刷り込まれていたはずである。

近衛文麿（1891－1945）

近衛と鳩山由紀夫の論文に共通する「アジア主義」がアメリカを警戒させた。

鳩山一郎と「欧州連合の父」クーデンホフ＝カレルギー

ただ、鳩山由紀夫の外交思想に最も大きな影響を与えたのは、祖父・鳩山一郎であった。論文の中で鳩山は「友愛社会」の実現を目標に掲げているが、それは祖父・一郎の思想である。鳩山一郎は、友愛の考え方について、ヨーロッパの知識人であり貴族であったリヒャルト・クーデンホフ＝カレルギー伯爵の著作から知った。鳩山は『ＶＯＩＣＥ』に寄稿した「鳩山論文」の完全版の中で次のように述べている。

> 現代の日本人に好まれている言葉の一つが「愛」だが、これは普通〈ｌｏｖｅ〉のことだ。そのため、私が「友愛」と語るのを聞いてなんとなく柔弱な印象をうける人が多いようだ。しかし私の言う「友愛」はこれとは異なる概念である。それはフランス革命のスローガン「自由・平等・博愛」の「博愛＝フラタナティ（fraternite）」のことを指す。
>
> 祖父鳩山一郎が、クーデンホフ・カレルギーの著書を翻訳して出版したとき、このフラタナティを博愛ではなくて友愛と訳した。それは柔弱どころか、革命の旗印にともなった戦闘的概念なのである。〔中略〕
>
> カレルギーは昭和10年（１９３５年）、『全体主義国家対人間』と題する著書を出版した。

それはソ連共産主義とナチス国家社会主義に対する激しい批判と、彼らの進出を許した資本主義の放恣《ほうらつ》に対する深刻な反省に満ちている。

カレルギーは、「自由」こそ人間の尊厳の基礎であり、至上の価値と考えていた。そして、それを保障するものとして私有財産制度を擁護した。その一方で、資本主義が深刻な社会的不平等を生み出し、それを温床とする「平等」への希求が共産主義を生み、更に資本主義と共産主義の双方に対抗するものとして国家社会主義を生み出したことを、彼は深く憂いた。

（「私の政治哲学〜祖父に学んだ『友愛』の旗印」鳩山由紀夫）

この論文の核となり、鳩山の祖父に影響を与えたカレルギーとはどういう人物か。1923年に『汎《はん》ヨーロッパ』という著書を刊行し、今日の欧州連合につながる汎ヨーロッパ運動の提唱者となった人物であり、戦後、鳩山一郎と交流し、1972年に亡くなっている。オーストリアの駐日公使だった父親と、母・青山光子（東京・牛込の骨董商の娘）の間に次男として生まれ、青山栄次郎という日本名も持っていた。

鳩山家は、このカレルギーの友愛革命の実践を政治や社会活動で行うべく、1953年に「友愛青年同志会」という団体を設立したと、（財）日本友愛協会のウェブサイトには書かれている。人的交流を通じた国際親善運動を行ったり、軽井沢など別荘地に友愛山荘を建設したりするなど、鳩山ファミリーが中心になって会を運営してきた。実際に1967年にはカレルギー夫妻を由紀夫の母である安子らの招待で招き、名誉会長の称号を授与している。

また、カレルギーはヨーロッパの秘密結社フリーメーソンのメンバーでもあった。そのためか鳩山一郎は、自分もメーソンに対する関心を抱くようになり、晩年に入会している。この鳩山＝フリーメーソンという話は陰謀論めいて聞こえるが、実際に公式の記録や入会時の写真もある。メーソンといっても要はロータリークラブやライオンズクラブと本質的には同じだ。これらの組織はメーソンを真似て作ったものである。メーソンとは簡単にいえば、カトリック教会から敵視された民間の商売人や知識人たちによって結成された互助会のようなものである。

メンバーの中には影響力が強い人物もいるのだが、全知全能とか世界を裏で牛耳《ぎゅうじ》っているというわけではない。特殊な「フラタニティ」という思想を軸にした集まりである。

鳩山一郎がメーソン入りしたのは1950年のことだ。鳩山が戦後、連合軍（マッカーサー元帥、彼もまたメーソン）による公職追放を受け、吉田茂との対抗レースから外れてきたときである。カレルギーの思想にも共鳴していたのだろうが、公職追放の解除を早く求めたいという意図も強くあった。

いずれにせよ、鳩山一郎にはそういった欧州の友愛思想への共感があり、孫の由紀夫は、カレルギーが掲げた「欧州共同体」と同じ役割を持つ「東アジア共同体」の必要性を強く感じていたことがわかる。

祖父・鳩山一郎も孫・由紀夫も、手の内をすべて読まれていた

そのような独特の思想を持っていた鳩山一郎は、マッカーサーと良好な関係を築いていた吉田茂に対抗する外交政策を打ち出す政治家として頭角を現していく。政治学者の片岡鉄哉（故人）の『日本永久占領』には、「吉田君のしたことを全てに逆にやる」と公言した鳩山が、吉田の「独善秘密外交」を嫌っていた大衆から喝采を浴びたことが書かれている。要するにこれは、大衆の怒りに乗じた〝ポピュリズム〟の動きだった。

鳩山家のアイデンティティ、「友愛思想」の原点。

（上）クーデンホフ＝カレルギー
（下）メーソン入会式に臨む鳩山一郎

吉田の自由党と鳩山の民主党が合同して「自由民主党」が1955年に誕生した。これを「保守合同」という。このとき鳩山には、マッカーサー＝吉田が連合して創り上げた「占領憲法」を改正し、日米関係を対等なものとする狙いがあった。さらに片岡は、保守合同のグランドデザインとして、「政権交代可能な二大政党制の復活」「官僚優先の体制を改め、政治優先、国会優先の体制を築く」（片岡前掲書、305ページ）を挙げている。

ここでいう官僚優先の代表としてやり玉に挙がったのは、外務官僚であった吉田である。脱官僚という政治目標は孫の由紀夫も掲げている。「鳩山の描いたグランドデザインとその崩壊を理解しないで今の日本の立場は理解できない」とまで片岡は書いている。

ところが、アメリカは、日本が独立後も吉田の路線を採用した。日本を独立させず、占領憲法を使って永久占領を行う。これがアメリカの国務長官、ジョン・フォスター・ダレスの考えだった。アメリカは戦前から日本をよく知っていた知日派を中心に、敵であるソ連に対抗する「反共の防波堤」として日本を利用しつつ、経済的には復興させるという戦略をとった。日本側もアメリカの戦略にうまく載る形で戦後世界における立ち位置を確保した。これが「吉田ドクトリン」である。この体制があったので、結果的にアメリカが日本に対して日米安保体制のもとでは今のように「海外派兵」を要求することはなかった。それはある意味で日本にとって「幸福な時代」だった。日本は「自立」をおあずけにする代わりに「早急な戦後復興」を獲得する、という関係が成立していたからだ。だが、それによって失ったものも当然のごとく大きかった。

鳩山一郎の党人派のポピュリズム路線に対して、官僚派政治家とアメリカの知日派は警戒感を隠さなかった。鳩山の行おうとしたのは憲法改正と日ソ講和だったからである。アメリカの鳩山への評価は極めて低かった。シーボルド極東担当国務次官補代理が「日本の選挙結果について在日アメリカ大使館の評価」という公電にまとめている。これは1955年2月に行われた総選挙の結果、鳩山民主党が少数与党になった際の報告である。公電は次のように報告している。

一、一般政策：鳩山新内閣は、過半数割れの政府であり、自由党あるいは社会党の支援を必要とする。〔中略〕鳩山の民主党は、鳩山の政治生命が短いとの予測から、党内での衝突が起こっている。〔中略〕鳩山は感情的で国際関係問題には「うぶ」であり、国民から歓呼され、注目されることを喜ぶ。しかし、彼の周辺には非常に優れ、政治的にも責任感の強いアドバイザーが何人かいる。彼等は、ビジネス界や金融界のリーダーたちと、鳩山をうまく抑えるだろう。〔中略〕

二、東西関係：当初は共産圏との関係の更なる改善を目指すものと思われる。これは、アメリカとの親密な関係がそれによって影響されないという考えに基づくものである。〔中略〕

三、再軍備：日本の財政の中から防衛費が増加されることがなく、防衛費が増えるとすればアメリカ軍への支援を軽減することで捻出される。この政策は社会福祉予算を増加させる必要性と、国会で安定多数を得ていないということで正当化される。鳩山が防衛強化に賛成するのは、米軍の早期撤退を促すためである。アメリカは日本に更なる防衛努力を推進させるためには、高い代価を払うことになるだろう。〔中略〕

五．結論：アメリカにとって日本が「必要不可欠」であるという事を盾に、日本の新政府は最大限の協力で最大限の譲歩を得ようとするだろう。日本自身の国益のために、日本が基本的な態度を変える必要があることを説得する必要がある。それがアメリカにとっての問題解決策である。

（加瀬前掲書、65ページ、傍線引用者）

鳩山一郎の行動の手の内はこのようにすべてアメリカに冷酷に分析されていた。アメリカは吉田の後釜として、元A級戦犯で吉田以上に親米だった岸信介を「次の総理」として育てる。それにしても鳩山一郎に対するアメリカ側の評価は、孫の鳩山由紀夫に対するものと共通している。

以上のように、アメリカは、鳩山ファミリーの持つ「世界観」をかねてから警戒していたといえそうである。アメリカにとって重要なことは、日本を極東アジアにおけるアメリカの利益代理人《リージョナル・エージェント》として育てることにあった。それは冷戦時の敵であったソ連が崩壊した今でも変わりない。アメリカは、鳩山の東アジア共同体とは別の枠組みによる「アジア太平洋コミュニティ」を第二次世界大戦の勃発前からこの地域に創り出そうとしていた。それが太平洋地域におけるアメリカのポジションを確固たるものとすると考えられていたからである。

アメリカは自国の利益（ナショナル・インタレスト）を損なうものは容赦なく潰してくる。戦前の近衛の世界観や、鳩山ファミリーの世界観は、アメリカの太平洋地域における覇権にとって不都合なものであり、これらに対してアメリカは極めて非妥協的な態度で臨んでいる。いくら同盟国といっても、それは無条件の仲間ではない。国益がぶつかる部分では、容赦なく従わせなければならない、と彼らは考えるのである。これほど「世界観の衝突」という問題は、日米外交を考える際に重要なのだ。島国日本と、古くから世界の海洋に進出してきた海洋国家アメリカの考え方は違う。

しかも、世界観の衝突を、「友愛思想」で補おうとしたのが鳩山ファミリーの外交だった。これではうまくいくはずがない。

片岡鉄哉が述べているように、鳩山一郎の対米折衝は素人《しろうと》臭いものだった。そしてその孫の由紀夫の対米折衝も、外務官僚の賛同が得られなかったために、スタートから失敗を運命づけられていたといえる。片岡は『日本永久占領』では吉田を批判し、鳩山一郎には同情的である。しかし、その外交手腕の稚拙さ、アマチュアリズムに対してはかなり手厳しい。

二人の鳩山に共通して見て取れるのが、大きいことをやろうとしているのに、「事前の根回し」に対する配慮があまりにも足りないという点である。

祖父・一郎は、先に述べた1955年の総選挙の公約として、「(アメリカに対する) 防衛分担金の削減」と「(それを財源とする) 住宅建設」を打ち出していた。この分担金の削減について、一郎はアメリカ側に十分な根回しを行わないままで総選挙の公約に入れていたことを片岡は指摘している。サンフランシスコ講和条約締結後も、アメリカの国防総省（ペンタゴン）から軍事顧問団が日本に派遣されていた。しかし、鳩山一郎にしてみれば、講和条約後、日本は独立したのだから、選挙公約にまでアメリカの干渉を受ける筋合いはないと判断したのだろう。しかし、それは甘い考えだった。

鳩山はさらに、そのようなアメリカからの警戒も知らず、日本社会党との協力関係を築き、しかもソ連に占領された北方領土の返還を政治目標として打ち出した。これもアメリカを刺激したようである。

当時のダレス国務長官は、鳩山が進める社会党との提携や、北方領土返還交渉が、やがてアメリカの占領する沖縄の施政権返還を求める運動に〝飛び火〟しかねないことを強く警戒していた。おそらく鳩山自身には、アメリカが懸念するような「容共」とか「ソ連のエージェント」という意識は全くなかっただろう。独立国日本の政治家として、奪われた自国の領土を回復するために交渉しているだけだったにちがいない。それでも鳩山の行動は、アメリカの太平洋戦略を狂わせる懸念があった。アメリカは日本への外交圧力を強めていく。

その結果、日本に降りかかったのは、北方領土のロシア領の固定化という現実ばかりではなく、鳩山が求めていた防衛分担金も、削減どころか、「負担増額」という結果だった。鳩山は失意のうちに死んでいった。

「鳩山アイスクリーム」を溶解させたアメリカの外交力

鳩山一郎と同じ、外交手腕の稚拙さが孫の鳩山由紀夫にも見える。外交手腕の稚拙さを補うのが周りのサポート体制のはずだったが、鳩山には確固とした外交ブレーンもいなければ、味方となる官僚もいなかった。アメリカ大統領、国務長官、外交官僚、シンクタンクの知日派たちがどのように考えて民主党政権に対する戦略を練っていたのか、日米の外交官僚たちがどのような密談をアメリカ大使館の内部で行っていたのか、鳩山由紀夫にはほとんど情報が入っていなかったようである。

そのようなそもそも不利な状況で鳩山は、自民党政権が十数年かけて合意にこぎ着けた米海兵隊の普天間飛行場の代替施設への移設問題の見直しに着手した。そんな最も難しい外交課題を、その世界観がアメリカから疑問視されていた鳩山が孤立無援のなかで実現するのは極めて難しいことだった。大東亜共栄圏を連想させる「アジア主義」の世界観は、アメリカに受け入れられなかったのである。これが鳩山一族の敗北の根本的な原因である。

なお、外務省・財務省・経産省・文科省は一方で、アジアにおける独自の経済統合を推し進める狙いを持っていた。民間の財団法人「日本国際フォーラム」が中曽根康弘元首相を会長に招き、2005年に設立した「東アジア共同体評議会」という機構がある。同評議会には、先の各省庁からも参与が参加している。

同評議会は、シンクタンクとしての政策立案機能や、東アジアのシンクタンクとの連携を行うほか、「ASEAN+3（日中韓）」などで構成する「東アジアサミット」とも連携する機能を持っている。

この評議会は「東アジア共同体の実現を目的とするものではない」と言うが、中長期の視点で東アジアや太平洋地域の経済統合の可能性を模索するものではある。この評議会には、鳩山由紀夫もいちメンバーとして加わっている。ただし、入会したのは2010年の9月以降らしい（「東アジア共同体評議会会報」2011年冬季号）。つまり、入会時期は、鳩山政権崩壊後ということになる。これは鳩山の敗北宣言なのだろう。

官僚機構は、「友愛の精神」ではなく、実務的な精神で「東アジアの経済統合」を推し進めることに成功したのである。鳩山の友愛を「ソフトクリームのような」と揶揄《やゆ》した中曽根会長の路線は今の日米同盟路線を軸にアジア政策を考えるものである。

中曽根は、「愛とか友愛とかって、政治というのは、そんな甘っちょろいものではない。お天道様の陽に当たれば溶けてしまうソフトクリームのようなものだ」と鳩山を諭《さと》したという。今回も鳩山の友愛思想は「お天道様＝アメリカ」の光に当たって溶けてしまった。このことからも鳩山は孫の代でも戦術を誤ってしまったことが明らかになっている。

それでは小沢一郎と前原誠司の「世界観」はどんなものだろうか

戦後の日本外交は、日本の外務省とアメリカの知日派や外交専門家らによる談合がつくり出した「世界観」にずっと支配されてきた。この世界観のもとでは日本は常に「受け身」の存在であり、日本の外交課題はアメリカの要求を受け入れつつ、それをいかにして「値切る」かというものでしかなかった。この歴史に挑戦したのが鳩山一郎の友愛社会の思想であり、それは孫の由紀夫の東アジア共同体構想に直結しているのは今見たとおりである。

それでは、民主党の他のキーパーソンの「世界観」はどのようなものか。例えば、代表経験者であった菅直人、小沢一郎、前原誠司、岡田克也の世界観はどのようなものであったか。彼らの世界観、外交観について知ることは、なぜ鳩山の世界観があっけなく敗れたのかを別の側面から知ることでもある。代表経験者それぞれの世界観は、代表選の後に行われる記者会見や、折々に発表される「外交ビジョン」に明らかである。

[1] 小沢一郎の世界観——「国連中心主義」

小沢一郎の世界観は、日本が自立した国家として、国際社会の一員として国際連合の平和維持活動にも参加するというものである。日本はアメリカとも世界中のどの国とも対等であるという前提に立つ。この意味で小沢の世界観は鳩山のそれと類似している。ただ、小沢は憲法9条を極めて高く評価しており、この9条規定に抵触しないように、自衛隊が海外で武力行使を含む平和維持活動を行う場合には、自衛隊を分隊し、警察・消防などのメンバーも加えた「国連待機部隊」を創設するべきであると考えている。

もともと小沢は自民党の大物政治家であり、当初はアメリカの期待も大きかった。だが、小沢は自民党を割って、自らの政党を作った人間である。菅・鳩山が結成した民主党に合流する前は、小沢は新進党、自由党の党首として政権交代の時機を虎視眈々《こしたんたん》と見計らってきた。

その小沢は朝日新聞のインタビューで次のようにコメントしている。この時期、日本は自民党の最後の長期政権となった小泉政権であり、2001年9月11日の「同時多発テロ」の報復として米軍が行った軍事行動に日本がどのような支援を行うべきかという議論が行われていた。

「テロに対する制裁行為を行うに当たっては、アメリカは国連の決議をとるべきだった。アメリカにとってもそうする方がよかったと思う。日本もそれを言うべきだ。国連決議があれば他の国の支援も受けやすいし、空爆以外にもいろんな方法があったと思う」〔略〕「政府の憲法解釈に立てば、自衛隊派兵は全くの憲法違反だ。実態として何の役にも立っていない。最初に言ったように、世界人類の共生の追求こそが日本の役割だ。もちろん、いざという時の力の行使の決意、決断は持っていなければならないが」

——で、憲法改正はやはり必要と？

「はい」

——9条はどうします？

「自衛権は国連憲章にもある通り、個別、集団的の両方を持っている。しかし、9条はその行使を抑制している。日本の過去の歴史だけではなく、人類の歴史を生かした条項だと私は解釈している。ただ、9条には国際社会への貢献を明示したほうがいいだろう」

（「朝日新聞」2001年11月1日）


このように、小沢の外交・安全保障観は、国連憲章の理念を実現するべきというものであることがわかる。また、「世界人類の共生の追求」という側面で、小沢が鳩山の友愛思想にある程度の共感を持っていたらしいこともわかる。

小沢は自由党を民主党に合流させた数カ月後の2004年3月に、民主党の社会党系グループにいた横路孝弘（現衆議院議長）と安全保障上の政策協定を結んでいる。この際に、自衛隊と別組織で、国連の平和維持活動に参加する「国連待機部隊」を創設し、多国籍軍への参加を容認することなどを柱にした「日本の安全保障・国際協力の基本原則」を作成した。

この中では、「自衛隊は憲法9条に基づき、専守防衛に徹し、国権の発動による武力行使はしないことを日本の永遠の国是とする」と一番目に掲げ、「国連軍は将来創設された場合には国連待機部隊の一部を提供」するとし、それまでは「国連安保理、総会の決議に基づく強制措置を伴う多国籍軍に参加」すると取り決めている。参加の有無、形態、規模は国が主体的に判断するとしている。

この小沢の考え方は、主著『日本改造計画』（講談社）で1993年にすでに打ち出していたものだった。日米同盟を最優先する現在の外務省路線とは異なるが、小沢の考えとしては、アメリカに対する「対等な同盟国」としての協力の意思を示す狙いがあった。小沢は同書の中で次のように「国連主義」の意図を説明している。

〔一九〕九二年六月十五日にPKO協力法が成立し、国連に協力して自衛隊を派遣できるようになった。私は、日本が国連中心主義の原則を守りながら、人的な面で国際貢献をつづけ、実績を積み上げていくなら、やがて世界各国から高く評価される日がやってくると確信している。

今後は国連をさらに強化する必要がある。そのためには二つの前提条件がある。

第一は、国連を改革してより協力にすることだ。〔中略〕

第二は、唯一の超大国であるアメリカが積極的に国連の舞台を活用し、国連と一体になって活動することである。そのためには、アメリカを絶対に孤立主義に追い込んではならない。もし、アメリカが国際社会における負担に嫌気がさして自国の目先の利益だけで動くようになり、その結果、国連が弱体化したとすれば、それはまさに日本外交の破綻である。

（『日本改造計画』129〜130ページ）

ところで、国連主義の考え方は小沢のオリジナルではない。

この考えは国連を利用した多国間協調主義《マルチラテラリズム》である。これと類似した考えは、ブッシュ政権のネオコン派が掲げた「ユニラテラリズム」が支配的な意見になるまでは、同政権のコリン・パウエル国務長官によって提唱されていた。ネオコン派を代弁するディック・チェイニー副大統領や、ドナルド・ラムズフェルド国防長官の路線が採用されたため、「テロとの戦い」のもとでアメリカの多国間協調主義は打ち捨てられていった。

元外務官僚の孫崎享《まごさきうける》氏は著書『日米同盟の正体』の中で、冷戦後の安全保障戦略の中で国防総省が1992年の段階ですでに、「唯一の超大国であるアメリカの地位を十分な軍事力で永久化させるために、集団的国際主義は排除する」ことを明記していたことを明らかにしている。ここにおける集団的国際主義は、国連の集団安全保障を指す。つまりアメリカは国連による集団安全保障を排除し、同盟関係、有志連合を主体とする武力行動を打ち出していた。

ただ、小沢の考えは、鳩山の友愛思想ほどには当初からアメリカに警戒されていたわけではない。

そのことを、小沢の『日本改造計画』が、アメリカでは当時、一定の評価を得ていたことが裏付けている。冷戦後まもなくの段階で『日本改造計画』は、その英訳版がCIAによって私的に翻訳され、やがて公式に講談社インターナショナルによって発刊され、多くの政治家、外交官、知識人に読まれたようである。この本の英語版には、アメリカの著名な上院議員のジェイ・ロックフェラーの「まえがき」が付されていた。ジェイ・ロックフェラーは『日本改造計画』について、「小沢が本書で提示した議論の詳細について反論を試みる読者もいるかも知れないが、それでもなお、小沢が本書で打ち出した究極の目的である平和的な民主革命については誰もが真剣に考慮しないわけにはいかないだろう」（同書英語版カバー）と高く評価している。

この本を英訳したのは、1962年生まれのルイーザ・ダリア・ルービンファイン（Louisa Dalia Rubinfien）という若い女性だ。米ハーヴァード大学歴史学博士課程修了で、ベンチャー・ビジネス経営の父親に連れられて1歳のとき来日。東京・麻布の西町国際小学校を卒業した経歴を持つジャパン・ウオッチャーだ。

彼女は1988年2月から1年間、竹下内閣時代の小沢一郎官房副長官の秘書を務めたという。小沢の本を英訳したときはまだ30歳そこそこだった。小沢事務所だけに限らず、自民党の政治家はアメリカからの若手のインターンを秘書として受け入れていた。小沢と同じ岩手を選挙区にしていた椎名素夫（自民党の椎名悦三郎の息子）の事務所には、マイケル・グリーン（後にブッシュ政権で国家安全保障会議アジア上級部長）が秘書として派遣されていた。日米の「人材交流」の一環であったのだろう。やがて、ルービンファインはアメリカでSAIS・ライシャワーセンター研究員や、ジョージ・ワシントン大学助教授となったらしい。

これらの事実は、アメリカが冷戦後まもなくの時期、戦後の外務省路線に忠実だった官僚派の政治家に代えて、小沢一郎をカウンターパートにしようと真剣に検討したことがあることを示している。1994年7月に小沢は、自らが打ち立てた非自民政権である細川政権が崩壊した後、再起を目指すために訪米した。この際には、当時の民主党を中心とした主要な面々と会談している。

新生党の代表幹事として訪米した小沢が会ったのは、後に駐日米大使として赴任してくるトム・フォーリー下院議長、そしてジェイ・ロックフェラー上院議員、ブッシュ前大統領らであり、米国の有力シンクタンクの外交問題評議会での懇談会にも参加した。小沢の国連中心主義はこのような対米人脈の中で培われた構想だったのであろう。

ところが、すでに見たように、90年代後半のアメリカ国内の外交論議は、クリントン政権のテロ対策の弱腰を批判するネオコン派によってリードされていく。911事件を機に、国連中心主義は「社交辞令」としての意義ほどしかなくなっていく。小沢の世界観を、もはやアメリカは受け入れられなくなったのである。そして、小沢の側も、国連中心主義を掲げながらも日本独自の路線を構築する方向へと変化していく。

その象徴となるのが、2009年2月24日の「日米同盟は第7艦隊だけで十分である」とする小沢の発言であったが、これは「日本独立宣言」でもある。鳩山の東アジア共同体のアジア主義と並

（上）トム・フォーリー
（下）ジェイ・ロックフェラー
小沢一郎の思想を培ったアメリカ人脈の要人。

び、日本の外務省や米国務省にとっては頭の痛いものだったに違いない。

［2］前原誠司の世界観――「日米同盟の深化」

国連中心主義＝多国間協調主義に代わって登場してきたのが、ネオコンの流れをくむ「単独行動主義」や「有志連合」の考え方である。アメリカの国益である「世界覇権国」としての地位の維持という目的を果たすためには、国連中心主義は非合理的だというわけである。

金融危機やアメリカの債務危機が深刻化していく2008年9月のリーマン・ショック以降は、鳩山の言うように、アメリカの国力は新興国などに比べて相対的に弱体化していく。アメリカ国債のデフォルト（債務不履行）が現実に起きた場合、アメリカはこれまでのように世界中に基地を置くという「軍事プレゼンス」を維持できなくなる可能性もある。そのときは「日米同盟の深化」という名目のもと、アメリカは日本に対して、自国の世界戦略の負担の肩代わりを要求するようになるだろう。

その傾向は、アーミテージ元国務副長官が提案したと言われる、日米防衛担当閣僚会合（通称「2プラス2」）における「日米共通戦略目標」の策定の動きにすでに現れている。ところが憲法9条を掲げる日本は、アメリカと完全に同じ戦略目標を持てるわけがない。日米の国力差も間違いなく存在し、それは主に軍事力として表れている。日本はアメリカに先の大戦で完膚なきまでに敗れたが、これはアメリカに勝つために合理的な戦略・戦術判断ではなく、「大和魂」とか「鬼畜米英」という精神論で立ち向かおうとしたからである。アメリカからの輸入に資源を依存しているのにアメリカと戦争するなど、冷静に考えれば正気の沙汰ではない。帝国に対する属国の反乱は常に失敗するようになっている。歴史を見ても、帝国（この場合はアメリカ）が属国（日本）を放棄するのは、帝国が内部から崩壊するときだけである。

評論家の副島隆彦は、アメリカの保守政治評論家のパトリック・ブキャナンの著作をふまえて、『属国・日本論』などの中でそのように述べているが、これが歴史の真実だろう。それゆえに、属国が力で大きく負けている覇権国に要求を飲ませようとするには、並大抵ではない努力や根回し、取引が必要となる。なかなかうまくいくものではない。イギリスからインドが独立したのは、大英帝国が二度の世界大戦を経験して疲弊したあとのことである。

しかも、外務省はアメリカの知日派たちと談合して「日米事務方同盟」を創り上げて、日本の政治家を官僚主導の名のもとにコントロールしてきた。政治家にしてみれば、その外務省の路線をそのまま踏襲して実行するのが一番楽であり、政治家として失敗しない。その路線に挑戦した政治家はみな短命で失脚するか、次章で見るように、小沢一郎のように政治スキャンダルを仕掛けられて「政治生命」すら奪われてしまうからだ。

さて、前原誠司は、京都大学法学部で吉田ドクトリン派の高坂正堯《こうさかまさたか》教授（故人）に学んでいるが、中学生のころに京都家裁の総務課係長だった父親を鉄道自殺で亡くした、という暗い過去を持つ。

大学で国際関係を学んだので外交官になるつもりだったが、東大閥が支配する霞が関で、「京大出身では外交官として出世できない」との高坂の助言もあり、前原は「大学院に行くつもりで松下政経塾に行ってこい」との助言を得て、政治家としての道を決意したという。

松下政経塾は松下電器の創業者・松下幸之助が設立した政治家養成学校であり、松下は、PHP運動やPHP研究所という組織運動体を通じて「反共親米運動」をもり立てていた。民主党の反小沢グループで、現在は主流派になっている渡部恒三・最高顧問が率いた「7奉行の会」にはこの松下政経塾出身者が多い。仙谷由人、前原、岡田克也、枝野幸男、玄葉光一郎、野田佳彦、樽床伸二《たるとこしんじ》の7人からなるグループで、うち4人が政経塾出身者だ（現在は樽床が独自にグループを結成している）。その他、原口一博も政経塾出身者だ。

民主党の中での松下政経塾出身者は、小沢一郎のグループである「一新会《いっしんかい》」ほどの規模はないが、中堅の政治家が多く、現在は前原・仙谷グループ（凌雲会《りょううんかい》）や野田佳彦財務大臣の「花斉会《かせいかい》」と並ぶ主流派である。これに「友愛思想」を掲げる鳩山グループ、社会党右派系の「社民連（社会民主連合）」の流れをくむ江田五月《えださつき》らの「菅グループ」がある。

松下政経塾は現在、京セラの稲盛和夫を顧問に頂いており、稲盛は、小沢と前原の両方と繋がっている。稲盛は、アメリカのシンクタンク、戦略国際問題研究所（ＣＳＩＳ）の創設者デイヴィッド・アブシャイアとも関係があるが、アメリカべったりでもなく、京都の財界人らしく独自のバランスを保っている。

前原はその京都という土地柄か、在日朝鮮人や韓国人の支持者も多く、２０１１年の初頭に在日の焼肉店経営者の女性から政治献金を受け取っていたことが暴露され、外務大臣の辞任に追い込まれている。週刊誌には前原が外務省ルートではなく独自ルートで１９９９年に北朝鮮を訪問し、日航機「よど号」乗っ取り事件の実行犯と平壌で会ったとする記事まで出た。

外務大臣を辞任したことについて、マイケル・グリーンは、「各国に失望感を与えるだろう」と日本のメディアにコメントしている。辞任後も前原はイギリスやアメリカを訪問し、大震災後も普天間基地の移設をめぐり、現地の有力議員や知日派と会談を重ねている。震災直前に辞任したことは、前原にとっては結果的に政治生命の延命に繋がっているとみることもできるだろう。

その前原がどのような外交思想を持っているかというと、ひとことで言えば「日米同盟の深化」

である。つまり、外務省の路線をそのまま踏襲しているのである。前原は05年の郵政選挙で大敗した岡田克也の後任として民主党代表に選出されている。その年末、新代表として政権交代に臨んでの「前原ビジョン」という外交・安全保障政策構想を発表している。

この構想は日米同盟路線を打ち出した小泉政権の政策とほとんど瓜二つで、違う点といえば、小泉首相がこだわり続けた靖国神社の参拝に否定的なことくらいだった。前原は「外交・安全保障政策に与党も野党もない」とするが、それはつまり、超党派で政策を打ち出せる、霞が関の官僚機構の路線をそのまま踏襲したということを意味していた。

産経新聞は、「前原ビジョン」の骨子として次のように報じている。

一、軍事面だけに頼らない「総合安全保障」戦略を構築
一、ミサイル防衛や周辺事態に対応する集団的自衛権の「限定行使」を提示
一、インテリジェンス（諜報《ちょうほう》）活動の重要性を強調
一、「主体的、戦略的な外交」を提唱
一、日米同盟をアジア・太平洋地域の「公共財」と位置づけ、「日米同盟の進化《ママ》」を目指す
一、中国の軍拡路線は「現実的脅威」と認識
一、インドなど中国周辺国との関係強化で、長期的に対中関係を改善

（「産経新聞」２００５年12月29日）

この前原ビジョンでは、中国政策として、民主党がこれまで避けてきた「現実的脅威」との言葉を初めて使っている。

一方で、「長期的に対中関係を改善」するとしているが、また、ミサイル防衛や周辺事態に対応する集団的自衛権の限定行使も打ち出している。

当時、ブッシュ政権は後半期を迎えており、アフガン・イラクにおける軍事介入を「テロとの戦い」の名目で続けていたものの、中国に対しては極めて融和的であった。これは、ブッシュ政権の国務副長官だったのが、通商畑出身の外交官で、やがてゴールドマン・サックス・インターナショ

「日本操り班」の尖兵、巨漢と口髭の二人。
(上)リチャード・アーミテイジ
(下)マイケル・グリーン

ナルに天下りすることになるロバート・ゼーリックだったためである。ブッシュ政権2期目の財務長官は、ゴールドマンの会長だったヘンリー・ポールソン。ゴールドマンは当時、中国を重視し、清華大学でのビジネススクールの設立を支援したり、ブルッキングス研究所に、対中融和色が強い「ソーントン中国研究センター」を設立したりしていた。

これは、ブッシュ政権1期目の国務副長官が軍人出身のアーミテージであったのとは対照的である。前原はアーミテージ側の人間である。アーミテージは最近になって「中国封じ込め」色を全開した新書をジョゼフ・ナイ（後述）との対談集として日本国内で出版するなど、今後のアメリカ戦略は「対中包囲シフト」に移ると力説してやまない。

このように、前原の外交ビジョンはアーミテージからの影響を強く受けており、それは日本外務省も同様である。前原は05年に訪米した際に、CSISでの講演で「中国脅威論」を展開していたし、アーミテージとの会談では、ゼーリックの掲げる「対中関与政策」への懸念を共有し合ったこともあった。

そのように、アメリカの顔色を窺いつつ、外務省の敷いたレールに乗るやり方に基づいてやってきたのが、自民党の中曽根康弘に代表される首相経験者たちであり、今の民主党では前原誠司前外務大臣に代表される松下政経塾出身者やアメリカ留学経験者たちである。これは政治家が総理大臣になるための最も低コストな方法であっただろう。ある意味では現実的で、大人のやり方と言えるかもしれない。

世界観の衝突を補うのは「時間軸《タイムフレーム》」の概念

このように、民主党の中には（1）友愛思想（欧州型）、（2）国連中心主義（90年代のアメリカリベラル思想）、（3）日米同盟の深化（ネオコン路線）、という三つの外交思想がある。そして、官僚主義が採用した日米同盟の深化路線に従うことが、政治家にとって、もっとも生き残りやすい「合理的選択」になっている実態があるのである。

なぜ深化路線が強いかというと、これが戦後日米関係の長い歴史の中で発展してきたものだからだ。官僚機構には、4年に一度の総選挙や大統領選挙での人員の入れ替えはない。上級公務員試験に合格すれば、官僚は出世して事務次官にまで進めるのである。また、第2章で見た有馬龍夫・裕父子の事例でもわかるように、外務官僚には〝世襲（二世官僚枠）〟まで存在したほか、前例踏襲主義のもと、引き継ぎ事項を蓄積していく。政治家は政治主導の名のもと、選挙でブームを沸き起こすが、官僚機構の継続性に打ち勝てはしない。

これを私は「時間軸の概念」という考え方で説明しようと思う。「政治主導」という名の国民の声を代弁する動きは、官僚機構によって「ポピュリズム」として馬鹿にされる。それは官僚機構にとって政策の実現のために費やすことができる「時間軸《タイムフレーム》」が長いからである。衆議院議員の場合、最長で4年、議員バッジを継続して付けていることができるが、彼らは常に選挙を意識していなければならない。参議院議員の場合には、6年間の時間がある。だが、官僚機構は全く選挙を気にする必要がない。政治家より官僚が優位に立つのはそのためである。

アメリカの場合、高級官僚には議会での指名・承認プロセスが必要とされており、政策決定に影響力のある高級官僚は、大統領選挙ごとに政権交代が起きるとそのかなりの数が入れ替わる。外交政策はアメリカでも基本的に超党派だが、民主党と共和党の間で眼に見える違いを打ち出すことはできる。ところが、日本の場合は、高級官僚は入省から老後まで面倒を見てもらっている。

出世レースに敗れた官僚が政治家や民間人になる場合はある。しかし、前任者の路線を引き継ぐことになる昇進した官僚たちは、その与えられた「時間軸」をフルに利用し、入れ替わりが激しい政治家たちを〝教育〟する側に回る。特に民間部門での経験のない二世議員が多い日本の政界では、官僚主義に対する反論となり得る実利的なビジネス主義がない。民間の経営者の知恵を持っていないボンボンや、頭でっかちのインテリ政治家が多いのである。前原誠司もそのように〝純粋培養〟されてきたのであり、官僚機構にとっては「極めて御《ぎょ》し易い相手」であるわけだ。

そうなると、政治家にとって重要なのは、政策を練り上げるために必要な「時間軸」と「世界観の衝突を調整する交渉力」である。鳩山政権は、自民党政権が何年もかけて沖縄・アメリカの利害調整を行った結果つくった普天間移設案の見直しをわずか数カ月で行うことを、政権の主要課題としてしまった。時間軸の考え方からすれば、これは間違いなく失敗する。

普天間の移設先を既存の日米合意から変更させるには、既存の日米合意の履行が、日米いずれかの国内事情の変化により不可能となるか、周辺の安全保障環境が変化することをじっくりと待たなければならなかった。ところが、鳩山は、政権交代で盛り上がったポピュリズムを利用して、一気に〝力技〟で解決しようとした。孫は、祖父の失敗に学ばなかった。

大衆の期待のうねりに乗って〝短期決戦〟でいく場合でも、鳩山には、対立する様々な利害をうまく統合調整する、相当に優秀な「副官」が必要だった。移設先として決まっていた名護《なご》市辺野古《へのこ》地区の住民の利害関係だけでなく、沖縄全体の利害、そして駐留アメリカ軍やアメリカ政界に太いパイプを持つ人物をブレーンとして抱える必要もあった。ところが鳩山の側近となったのは、松野頼久官房副長官、経産省出身の佐野《さの》忠克《ただかつ》首相補佐官くらいのものであった。さらに外務省からは首相補佐官として元官僚の山之内《やまのうち》勘二《かんじ》が首相の教育係兼監視役として送り込まれていた上、マスメディアは常に官僚機構の味方だった。

ポピュリズムのうねりに乗ってアメリカと強気で交渉するには、外務官僚にあえて「火中の栗」を拾うだけの覚悟をさせるだけの返還交渉戦略が鳩山には必要だった。だが、鳩山は有効な説得を行うこともなく、官僚を敵に回したまま、鳩山論文論争でアメリカ側からイニシアチブを握られているにもかかわらず、特攻覚悟で突っ込んでいった。

鳩山首相があえて行ったことといえば、沖縄本島のキャンプ・シュワブ陸上への移設案、ホワイトビーチ移設案などの種々の沖縄県内移設案、岡田克也外相や長島昭久防衛政務官が打ち出した「嘉手納基地への海兵隊基地統合案」を実現不可能として排除し、同時に日本列島の他の都道府県への移設可能性をも排除する行為に出ることくらいだった。鳩山は「県内・国内にどこも移設先がないのだから、国外に移設するしかないでしょう」と言うつもりだったのかも知れない。鳩山の脳裏には「アメリカは日本の米軍基地を必要とするのだから、主要な基地に対する日本の要求を最終的には飲んでくれるだろう」という思いがあったのかもしれない。

それを支えていたのが、鳩山側近の川内博史《かわうちひろし》・衆議院議員らが進めていた「グアム・テニアン移設構想」であった。ところが、テニアンがあるアメリカ・北マリアナ連邦知事が首相官邸を訪問した際、首相補佐官が官邸で待ち構えていて知事をブロックし、鳩山首相には会えなかった。

さらに時間軸の議論で考えてみる。普天間基地の代替基地への移設は最短でも2014年にスタートするというのが従来の日米合意だった。それを現行案以外の案で実現する場合、その案の交渉、妥結とその履行のための条件整備、法整備など、最低でもさらに10年以上の時間がかかるのは容易に想像できることだろう。ポピュリズムの最大の欠点は、持続性がないということであり、だから時間軸を味方につけた官僚機構に大きく負けるように運命づけられている。

鳩山は沖縄の大衆の怒りをポピュリズムとして利用して、普天間移設の日米合意の見直しの機運を盛り上がらせ、沖縄の反米意識を盛り上げることで、アメリカに「最も重要な基地である嘉手納《かでな》基地まで危うくされる前に手を打ってお茶を濁そう」と言い出させる狙いがあったように私には思われる。国内における移設先が出ては消えの連続が繰り返された理由は、そのように考えれば説明がつく。鳩山は祖父の行ったアメリカ牽制の日露交渉の再現を狙ったのかもしれない。

しかし、本章の冒頭で公電分析をした際に見たように、鳩山一郎が「アメリカにとって日本が『必要不可欠』であるということを盾に、日本の新政府は最大限の協力で最大限の譲歩を得ようとするだろう」との考えを持っていたことは、アメリカにすべて見抜かれていた。祖父・一郎を研究し尽くしていたアメリカは、孫の由紀夫がどう打って出るかをある程度予測していたと考えられる。やはり鳩山の手の内は、すべて先んじてアメリカ側に検討されていた。

人口密集地にある「世界一危険な基地」はいつになったら移転されるのであろうか。

普天間飛行場、通称「普天間基地」(沖縄県宜野湾市)

すべてを見抜いていたケント・カルダーの「駐留米軍論」

鳩山の日米交渉における「チキン・ゲーム戦略」をいち早く見抜いていたと思われるのは、クリントン政権時代のトム・フォーリー駐日大使の特別補佐官だったケント・E・カルダーという人物である。カルダーは、ハーヴァード大学で教鞭をとったエドウィン・ライシャワーの指導を受けて博士号を取得した人物であり、ハーヴァードの日米関係プログラムの初代事務局長も務めた。

その後も米CSIS（戦略国際問題研究所）の日本部長となり、ジョンズ・ホプキンス大学高等国際問題研究大学院（SAIS）のライシャワー東アジアセンターの所長として、アメリカに留学する日本のマスコミ関係者らを指導している。そのカルダーが、2007年に『米軍再編の政治学——駐留米軍と海外基地の行方』（日本経済新聞社）という本を書いている。この本は、カルダーが世界各地の米軍基地を巡り歩いた経験とデータをもとに書かれた本で、世界各地の米軍基地が様々な境遇に置かれていることを明らかにし、アメリカが基地を維持するために必要な戦略をゲーム理論をもとに分析したものだ。

アメリカにとっての政策課題は、いかに低コストで質の高い海外米軍基地を維持するかということである。カルダーの「基地の政治学」はブッシュ政権のユニテラリズム（単独行動主義）の結果、サウジアラビア、中央アジアで米軍基地の撤退が引き起こされていた背景で書かれていた。アメリカにとって海外の米軍基地は維持しづらくなっていたのである。

カルダーは、基地の政治学をゲーム理論で分析する際の重要な概念の一つとして「重層ゲーム」の要素を挙げている。主な意思決定者はたったひとつの独立した結果を達成するために、二重のレベル（国際政治と国内政治）で交渉・交流を行わなければならないとし、外務大臣、国防大臣、地元の地権者や基地反対派といった複数の交渉当事者を具体例として挙げている。

さらに、具体論として日米の基地返還交渉に言及。「沖縄の地元の反対は、普天間の海兵隊航空基地を閉鎖して、そこの機能を沖縄県北東部に移すという、１９９６年3月の日米首脳会談による合意を、国家レベルではずっと実施の了解が取れているにもかかわらず、10年以上も頓挫させている」（カルダー前掲書、１３４ページ）と述べている。

さらに彼は基地反対派を「思想的反対派」と「民族主義的反対派」、それから金銭補償の不満による「プラグマティックな反対派」の3種類に分類する。沖縄には、基地反対が地元感情を反映していて、地元の政治家の集票に結びついており、政府も困窮している僻地に対して巨額の補償を行う傾向があるとして、3番目の反対派が多いと述べている。

同書ではさらに、中央集権民主主義国家のほうが、基地の存在によって生じた住民との緊張関係がアメリカの政策に与える影響が少ないと論証している。アメリカにとって中央集権の民主国家という相手は、中東のような独裁国家と交渉する場合の次にやりやすいと述べている。中央集権国家は分権国家と異なり、中央（日本の場合は霞が関）が決めたことが方針となり、やはり説得は一カ所だけで足りる。独裁国家の場合には、独裁者の意向がすべてを支配するので、アメリカにとって独裁者を抱き込むコストだけで基地政策は成り立つ。

カルダーの説をまとめると、アメリカにとって最もやりやすいのは「独裁国家」、次いで「中央集権民主国家」であり、一番やっかいなのが「地方分権的民主主義国家」である。鳩山由紀夫が民主党のマニフェストとして掲げたのは「地域主権」（つまり中央集権体制の打破）であった。地方政府が財政的に自立すると、国家レベルの政策に地方の意向が大きく影響されるようになる。ところが、日本は中央集権国家なので、霞が関の意向に沖縄も含めた自治体は、地方交付税交付金によって縛られている。「中央集権ではない民主主義国」で、民間の基地との接触が多い場合、「基地問題は最も危険な火種をはらんだものとなる」とカルダーは分析する（カルダー前掲書、192ページ）。

したがって、アメリカにとっての利益は「中央集権国家・日本」の維持となる。一方、鳩山にとっての「最適解」は、地方分権を徹底し、霞が関の権限をそいでいき、地方が財政的に自立できるようにすることである。しかし、それには時間がかかる。時間軸の問題を考えれば、鳩山はじっと耐えて普天間移設問題を先送りすることで日本の地方分権の進展を待つことが必要だった。

また、カルダーは、日本のような国における「基地の政治学」には「補償型政治モデル」を適用するべきであるとしている。これはカルダーが自民党政治を研究した結果、政治危機が生まれるたびに補助金をばらまくことで、自民党政権はその危機を乗り切ってきたとするものである。この自民党型の利益誘導政治は、基地問題以外には、道路・ダム建設や、原発問題があてはまる。自民党は僻地の原発立地自治体に多額の補助金を交付することで政権を維持してきたということである。

だから、鳩山がやるべきことは、基地の補助金では自立できないのだということを沖縄県民に対して明らかにしていく一方で、革新派あるいは脱基地経済派の首長と連携して、基地以外の振興策を打ち出すことだったはずだ。

例えば、沖縄県内には本土のような鉄道が一切走っておらず、あるのはモノレールだけだ。だから沖縄に鉄道を整備したり、カジノ誘致を行ったりして、基地に依存しない観光をテコにした自立振興を図るというのは当然あり得る構想であった。

原発に「麻薬（補助金）漬け」になっている自治体に対しても、別のタイプの振興策を施しながら地方自立を模索させることが必要なのと同様に、沖縄の基地依存からの脱却にはそれなりの時間

鳩山構想を見抜いたカルダーは、知日派重鎮の教え子だった。

（上）ケント・カルダー
（下）ライシャワーとハル夫人

と具体的な代替案を必要とした。

だから、鳩山政権が短期間で普天間移設問題を解決しようとしたのは明らかな失敗であり、鳩山外交の稚拙さの表れである。

ただ、うがった見方をすれば、鳩山は着実に〝成果〟を出していた。鳩山はこのアメリカを巻き込んでの移設騒動で、本来は移設容認派であった保守派の仲井真弘多・沖縄県知事までも「県外移設」派にくら替えさせている。もともとは旧通産官僚で、沖縄電力に転身した財界出身の仲井真の路線を変えさせたのはひとつの成果かもしれない。この立場に立てば、鳩山は時間軸を意識していたということになるが、これは結果が出てみないことにはわからない。いずれにせよ、この迷走と挫折が原因で鳩山政権は崩壊したのである。

鳩山の掲げた短期間で移設を実現するという目標が破綻したために、結果として今ある「現行案」に回帰した。その際の理由として鳩山は2009年5月28日に行った記者会見で、「在日米軍の抑止力」を挙げている。外務省やアメリカの知日派が、米軍基地の存在意義として常に強調しているのが、この「抑止力（デターランス）」という概念であった。結局、鳩山は相手側の論理を丸呑みするかたちで日米合意に戻らざるを得なくなった。後に、鳩山は沖縄のメディアに対して「抑止力というのは方便だった」と釈明している。これには沖縄県民は怒り心頭になったが、「本当は抑止力なんていう方便は使いたくなかった」というのが鳩山の〝本音〟であったろう。

地元紙の「琉球新報」は、2011年2月18日付の記事で、「（抑止力が方便という）鳩山証言が照らし出した核心は（1）沖縄に新たな海兵隊航空基地を押し付ける論拠にした「抑止力」は虚構、（2）公約に掲げた「県外移設」実現を目指したが、自らの戦略、指導力の弱さを突かれ、対米追従を断ち切れない閣僚と官僚支配の軍門に下った構図、（3）沖縄に基地を押し付ける差別的構造の温存――であろう」と述べている。私もこの分析に同意する。

そもそも、海兵隊の抑止力や、彼らが沖縄に駐留する必然性については、アメリカのブッシュ政権の国家安全保障担当補佐官だったジェイムズ・L・ジョーンズも真っ向から否定している。この発言は、2011年5月に訪米した国民新党の下地幹郎《しもじみきお》幹事長に対して述べられたもので、「沖縄タイムス」の平安名純代記者は次のように報告している。

ジョーンズ氏は、辺野古への新基地計画が頓挫した場合に普天間の固定化もありうるとの米軍関係者らの主張に対し、「海兵隊はどこに移転しても構わない部隊であり、米軍全体の計画が在沖海兵隊の移転先に左右されることはない」と指摘。その上で、韓国移転などさまざまな選択肢があり、6月末の国防長官の交代を機に計画の見直しが生じる可能性もあり得るとの見方も示した。

会談の中で、元海兵隊総司令官で沖縄駐留の経験もあるジョーンズ氏は、大浦湾でダイビングをした経験などについて触れ、「日米両政府が辺野古移設に初めて合意したときから大浦湾が埋め立てられるとは思えず、計画の実現すら想像できなかった」と明かし、以前から嘉手納統合案を支持していたと語った。

同案は、米軍内で抵抗があったのは技術力の伴わないパイロットらの意見であり、実際に多くの基地で回転翼機と固定翼機が統合運用されているとの実態を説明した。また、周辺住民への配慮が理由で嘉手納統合案は実現しなかったものの、現時点で移転するヘリコプターは30機未満のため、影響はほとんどないとの見方も示した。

（『沖縄タイムス』２０１１年5月8日、傍線引用者）

http://www.okinawatimes.co.jp/article/2011-05-08_17506/

こういった証言が出てきていることは、アメリカ側にとっても「辺野古・イズ・デッド（辺野古移設案が実現不可能になった）」という認識が広まっていることを意味する。やはり、政権崩壊という代償を払う結果となり、民主党の統治能力欠如という事態を悪化させたとはいえ、鳩山の〝大騒ぎ〟は、結果的にこの問題だけに限ってみれば、必ずしも無駄ではなかったのかもしれない。

ジョーンズ補佐官といえば、オバマ政権の安全保障チームの重鎮であり、09年に訪米した民主党の長島昭久防衛政務官とも会談していた。ジョーンズはオバマ政権内ではクリントン国務長官と対立関係にあり、キッシンジャー、スコウクロフトといった歴代の大統領国家安全保障補佐官のネットワークに属していた。ＮＡＴＯの欧州軍司令官の経験もあり、外交官僚としてアジア専門で既得権を作りやすかったジャパン・ハンドラーズたちとはやや毛色が違っていた。だが、クリントン国務長官との権力闘争に敗れ、政権から失脚している。

また、ジョーンズの部下であったのはジェフリー・ベイダー（国家安全保障会議アジア上級部長）であった。ジョーンズ同様、ベイダーは、ゴールドマン・サックスの資金で設立されたブルッキングスの中国研究所出身であった。ベイダーは、日米同盟派は中国の危機を口実に沖縄に海兵隊を置かせ、その駐留経費やグアムへの一部移設費用を、日本政府に一部肩代わりさせるスキームを考え出したのである。しかし、オバマ政権の当初におけるホワイトハウスの交渉チームは対中国関与派たちであり、きちんと練り上げた新しい移設プランを用意すれば聞く耳を持つ可能性もあったのである。

ところがオバマ政権でジョーンズが失脚すると、アジア上級部長には、神戸総領事の経験がある

「抑止力」の虚妄を証言した軍人、その部下ともにオバマ政権で失脚。
（上）ジェイムズ・L・ジョーンズ
（下）ジェフリー・ベイダー

ダニエル・ラッセル日本・朝鮮部長が昇格してしまった。ラッセルは、国務省日本部長も経験しており、メディアはラッセルを「知日派」として持ち上げた。

だが、逆に言えば、それだけ日本に対する〝しがらみ〟があるということであり、知日派たちの利害関係にどっぷり漬かっているということを意味する。だから、日本がアメリカと交渉するときには、相手側には知日派だけは避けたほうがいいのである。ドライな交渉をやる場合、余計な情に訴えてくる余地を残す知日派こそ、もっとも有害なのである。しかも、ラッセルは神戸に住んでいたので関西弁が得意ときている。日本のマスメディアや政治家はこの「ソフト・パワー」に、コロッと篭絡されてしまうだろう。

米議会が最後に持ち出してきた「嘉手納統合案」

さらに、移設問題に対してアメリカでは、外交官僚ではなく、予算などを配分する議会（上院議員）の側が、日米の現行案の実施が不可能であるとして、しびれを切らしていた。海軍長官の経験がある民主党のウェッブ上院議員やカール・レビン上院議員らが、嘉手納統合案を再度検討するように提案してきたのである。ウェッブ議員は、嘉手納の部隊や施設を移すことで、普天間を統合しても、騒音などの地元負担は「全体として軽減させる話をしている」と述べ、嘉手納統合案は実現可能との見方を強調している（「朝日新聞」２０１１年5月21日）。

このことを見ても、アメリカにとって、究極的には嘉手納基地さえあれば、海兵隊専用の基地などは既存基地のやりくり次第では移設先はまったく不要だということがわかる。

そもそも海兵隊と空軍が同居するのを嫌がっているのは、ジョーンズ前補佐官が指摘する「技量の伴わないパイロットらの意見」であるほか、海兵隊が下層階級として差別されているという米軍内の特殊事情があるからである。エリートである空軍や海軍から見れば、海兵隊というのは緊急上陸用の部隊であり、いざとなったら「捨て駒」として扱われるのである。

その現実が理解したければ、映画『ジャーヘッド』を見ればいい。ジャーヘッドとは海兵隊員の蔑称である。海兵隊員特有のクルー・カット（刈り上げた髪型。GIカット）をジャーの蓋《ふた》の部分に見立てたという説がある。その他の説として、「容器は頑丈で立派だが中身は空っぽ（馬鹿）」というのもあるが、要するに彼らは米軍内で差別されているのである。

また、沖縄の人なら誰でも知っていることだが、海兵隊は素行が他の米軍兵士たちよりも悪いのである。米軍が沖縄県内で事件を起こして新聞沙汰になると、たいてい海兵隊員であることがそれを物語っている。沖縄県民の間では「また海兵隊が事件を起こした」と、日常茶飯事のように語られている。普天間返還交渉のきっかけをつくった1995年の米兵少女暴行事件でも容疑者3人のうち、2人は海兵隊員であった。海兵隊は年がら年じゅう、世界各地を訓練しながら回っており、いざとなればアフガニスタンやイラクといった戦地で「使い捨て」にされる。

そういう海兵隊の基地の移設を受け入れるというのは、場合によっては放射性物質を撒き散らす危険な原発のような「迷惑施設」の誘致を受け入れるのによく似ている。普通の米軍基地を受け入れるのとは話が違うのだ。だから、地元の反感もより強いのである。名護市の中でも発展していない地域である辺野古に基地が押し付けられたのにはそういう理由がある。

それでも、ウェッブ議員が、海兵隊と海軍の同居という、米軍内の差別問題に踏み込む提言をしてきたことの意味は大きい。実際に嘉手納統合案が実現するかはわからないし、先に述べた治安や騒音問題による地元の反対を説き伏せるのは並大抵の努力では済まない。その間にも、日本が辺野古を受け入れるように、知日派たちは説得工作を加速させるだろう。この構想が発表されてから、前原前外相をアメリカに民主党が特使として派遣しているのは、その根回しのためである。

ただ、知日派というのは所詮は最終的な決定権を持たない官僚機構の寄せ集めに過ぎない。アメリカで予算の配分を決めるのは上院や下院などの委員会である。アメリカではウェッブ議員のような元軍人の保守派の他、共和党の中にも米軍の海外展開を嫌がる重鎮政治家たちもいる。そういう米側の議員たちに積極的に働きかけるロビー工作をして、知日派の既得権益をうち破るだけの交渉力のある政治家が出現しなければならない。

鳩山由紀夫が普天間移設を自分の政権で本気で実現させるつもりであれば、まずは嘉手納やキャンプハンセンなどの既存の米軍基地に海兵隊飛行場機能の移設を行い、しかるのちに10年単位で国外への移設を模索するという二段階戦術を取る必要があった。この時間軸の考えを採用していれば、今も鳩山政権は継続していただろう。

日本の政治家には相手の立場と利害関係を理解し、世界観の衝突を避けるネゴシエーションの能力がない。相手の行動原理が自分たちとどう違うかを認識した上で、その弱点を衝《つ》くというやり方ができていないのである。そのためには国益とは何かをきっちりと定義し、それに基づく世界観を打ち出すことが必要である。

日本の政治主導を目指す政治家たちは、国内における官僚との交渉と、国外におけるアメリカなど諸外国との交渉という、二つの交渉を行っている。普天間問題が浮き彫りにしたのは国外における交渉のやり方の稚拙さであった。

それではもう一方、国内における官僚機構との戦いに民主党政権が敗北した原因を探る必要がある。この背景には、日本特有の「律令《りつりょう》制度」への理解が不可欠になる。日本古代に誕生した統治システムであり、極めて長い時間軸を誇る「律令制度の呪縛《じゅばく》」が、現代の日本にまで影響を及ぼし続けている。次章では、律令制度とそれを改革しようとした政策的起業家、小沢一郎の挑戦と現時点における失敗について検証する。

第4章

政策的起業家・小沢一郎に立ちはだかった〈日本律令制とアメリカ〉連合軍

霞が関・律令官僚と死闘を演じる「アテルイの末裔」

前の二つの章では、「鳩山政権を崩壊に導いた普天間外交交渉は、なぜ行き詰まったのか」を、外交公電や鳩山らの民主党幹部の「世界観」ともいうべき外交思想を比較しながら考えてきた。政治家に従わず、むしろアメリカと内通する日本の官僚、政治主導のスローガンに実体的な戦略が伴わない政治家側の問題点を指摘した。この章ではさらに、民主党政権が掲げた「政治主導」という改革目標に着目する。この政治目標を掲げてきたのは、他の誰よりも小沢一郎・元代表であった。しかし、小沢は民主党が政権交代を実現したときには、代表の座にはなかった。鳩山が代表となり、首相になったのである。

小沢が代表の座を2009年5月に辞任したのは、彼自身の政治資金をめぐる問題が原因で政治的に追い込まれたからである。実は、この辞任劇の背後にも、霞が関の官僚との死闘があった。本章ではその官僚と小沢の死闘について論じる。その根っこを探ると、〈日本〉という国の成り立ちそのものまでさかのぼることができる。前章で論じた「時間軸《タイムフレーム》」の考え方がここでも生きてくる。

小沢が変えようとした日本の官僚機構の枠組みは、明治維新に始まったものではなく、実は1200年ほど前に誕生したものであった。この気の遠くなるような長い歴史の流れを、別の方向へと変えようとしたのが、民主党政権であった。

小沢一郎は、かつて2005年、雑誌のインタビューで不思議なことを語っている。

小沢　僕らの先祖は130年前の明治維新のときも賊軍の汚名をきせられた。賊軍だから靖国神社に祀《まつ》られていない。それにもかかわらず、今も勤王《きんのう》の志を抱いているのだから、たいしたものだ。

先祖はその昔「俘囚《ふしゅう》」と呼ばれ、大和朝廷に最後まで反抗した。アテルイは1200年前だ。僕は、末裔《まつえい》として反骨精神が強いと思うが、ものの考え方は論理的、合理的だ。

（「週刊金曜日」2005年1月21日号）

この文章は、現在も全文が小沢一郎の公式ウェブサイトに掲載されている。私はこの文章を、いわゆる「陸山会事件《りくざんかいじけん》」で、小沢一郎の公設第一秘書の大久保隆規《おおくぼたかのり》が再逮捕され、元秘書の石川知裕《いしかわともひろ》衆議院議員も逮捕された2010年1月に読んだ。その後、小沢一郎が自ら「末裔」だというアテルイという人物の数奇な運命を調べるにつけ、「なるほど、小沢一郎は東京地検特捜部に狙われるべくして狙われたのだな」という思いを強くした。

ただし、私はなにも、「小沢が検察に狙われるような悪いことをした金権政治家」だから、「狙われるべくして狙われた」などと言っているのではない。この点は基本的なことなので最初にまず断っておく。政治活動にはある程度の巨額なカネがかかる。それが常識である。とくに当選回数の多い小沢の場合、若い働き盛りの秘書を数多く抱え、彼らが小沢の政治活動を支える代わりに、彼らの最低限の生活を保証しなければならない。

派閥の領袖レベルの政治家は、ちょっとした中小企業の経営者のような感覚で事務所を切り盛りしている。せいぜい自分の家族を養っていくことが求められているサラリーマンとは違うのだ。人を雇い、動かせば、それなりにカネがかかる。政権交代を成し遂げるには、自分の党の立候補者をより多く当選させなければならない。それにもカネがかかる。陸山会事件で問題とされた取引の舞台となった土地も、小沢（正確には小沢の政治資金管理団体）が自分の秘書たちを住まわせる宿舎の用地として保有していたにすぎない。

金権政治を忌み嫌い批判する日本の大衆はなぜか、同じように巨額のカネがかかるアメリカの大統領選挙を勝ち残ったオバマ大統領を金権政治家だとは批判しない。オバマ大統領は多額の個人献金を得て当選したが、その半数ほどは、ゴールドマン・サックスなどの大企業や労働組合の従業員・会員らが設立した政治団体からの寄付であり、その資金で大統領選挙を勝ち残っている。

大久保秘書が一回目に逮捕された際に理由とされたのは、大手ゼネコン「西松建設」からのトンネル献金疑惑であった。西松建設の社員やOBらが設立した二つの政治団体から小沢の関連政治資金管理団体や政党支部に献金が行われたのが、ダミー団体を使ったトンネル献金であると指弾されたのである。しかし、この団体はダミーではなく確かな実体もあり、額は小沢ほどではないにしろ、自民党の他の政治家にも献金していた。

この西松建設の社員やOBらが設立した政治団体は、オバマ大統領が選挙で利用した「政治活動委員会（ポリティカル・アクション・コミッティ、PAC）」の〝日本版〟である。アメリカでも企業による政治家個人への献金は禁止されている。だから、企業はPACを設立している。アメリカでも一部でこれは脱法行為ではないかと批判する声もあるが、大半は合法だと認識されている。翻って日本でもそのような政治団体がある。ただそれだけのことだ。現行法では政治団体から政治団体（資金管理団体含む）への献金は合法である。

ゆえに、「小沢はやられるべくして特捜にやられた」と私が言うのは全く別の意味である。引用した雑誌インタビューの中で小沢は、自分は「朝廷に歯向かって滅ぼされたアテルイという東北地方の豪族の末裔である」と語っている。この事実に私は驚くとともに、政権交代を間近に控えた２００９年3月3日に小沢が検察の捜査を受けたことに対し、奇妙な納得感を得てしまったのである。「阿弖流為《アテルイ》」というのは、岩手県の水沢市の胆沢郡《いさわごおり》（今の奥州市）を中心に根を張っていた豪族である。

歴史をひもとけば、阿弖流為は７８９年（延暦7年）に桓武《かんむ》天皇の命を受けた征東大将紀古佐美《きのこさみ》に率いられた歩兵2万５８００余の大和朝廷の侵攻軍を、１５００人ほどの軍勢で「衣川《ころもがわ》の戦い」において撃破し、桓武天皇の第一次蝦夷《えみし》征服軍を解体に追い込む戦果を収めた。

そして、７９２年（延暦11年）には、征東大使・大伴弟麻呂《おおとものおとまろ》、副使・坂上田村麻呂《さかのうえのたむらまろ》に率いられた10万余に及ぶ第二次征東軍の侵攻も跳ね返し、北上川以北の独立を守った。しかし20年近くに及ぶ戦争のため国土が疲弊し、801年（延暦20年）に、こんどは征夷大将軍に任命された坂上田村麻呂と戦い、敗れた。

そして、ついに、802年4月15日、盟友の磐具公母礼《いわぐのきみもれ》ら、500余人とともに征東軍に降服する。田村麻呂が生命の保証をしたため、桓武天皇に拝謁すべく平安京へと上るが、裏切られて捕えられ、803年8月13日、母礼とともに河内国杜山《もりやま》で処刑された。これが阿弖流為の生涯である。

この時代を描いたのが、小説家・高橋克彦原作のNHK大河ドラマ『炎立《ほむらた》つ』である。この作品は阿弖流為の捕縛に始まり、東北地方の「俘囚」と呼ばれる豪族たちが、藤原貴族が支配する京都の朝廷の派遣する国司や軍事司令官たちと覇を競い合う様子を活き活きと描いている。いずれにせよ、今から1200年前の平安時代初期の出来事である。

もちろん、現代の政治家・小沢一郎自身が、阿弖流為の生物学的な直接の意味での「末裔」であるわけがない。ただ、岩手県・旧水沢市には、阿弖流為にまつわる史跡や観光地が今も残っている。その最たるものが、征夷大将軍・坂上田村麻呂が阿弖流為を捕縛して一時とどめ置いた軍事基地（キャンプ）である胆沢《いさわ》城の跡である。

陸山会事件で西松建設と並んで、その名前が多く報道された巨大ダムである胆沢ダムは秋田県との県境に近い焼石《やけいし》連峰の山々の中にあるが、この胆沢城跡の石碑は平地にある。巨大なダム湖をたたえることになるであろう胆沢ダムがまるで巨大な城壁のように見えるのに対して、胆沢城は城とはいっても巨大なお屋敷にとどまる。

阿弖流為と小沢一郎、胆沢城と胆沢ダム——。偶然の一致だろうか。そうではない。2009年3月3日に行われた小沢一郎に対する東京地検特捜部の〝宣戦布告〟は、1200年前の征夷大将軍・坂上田村麻呂による阿弖流為への戦争の現代における姿なのである。

この関連性や、そこに覇権国アメリカがどのように関連してくるかということを実証的に解き明かすことが、本章の最大の目的である。そのためには、日本の現在までの国家体制を規定してきた「律令《りつりよう》」と霞が関の高級公務員の関係、それを打破しうる思想である「近代国家」や小沢一郎の掲げた「普通の国（ノーマル・カントリー）」の考えを理解しなければならない。そのことによって、小沢一郎が、金権政治家や旧来型の派閥政治家ではなく、日本に「1000年に一度出現する類まれ

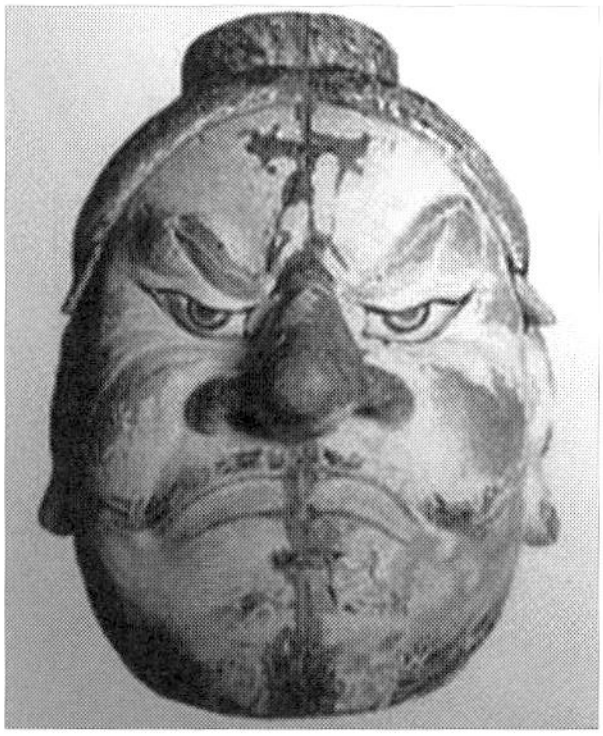

大和朝廷に抵抗した豪族と
官僚機構と闘った末裔、
どこか似ている反骨の面構え。

（上）阿弖流為（アテルイ）
（下）小沢代表時の民主党ポスター

なる政治活動家」であることがわかる。それゆえに官僚とそれを支えてきたアメリカの知日派に嫌悪され、危険視されてきたのである。

2009年2月24日——それはアメリカに対する日本の「独立宣言」の日

小沢一郎の公設秘書の大久保隆規が東京地検特捜部に逮捕されたのは2009年3月3日。この前後の出来事を見ると、小沢一郎はアメリカの指導者たちに対して、かなりストレートな発言を繰り返している。

すでに見たように、アメリカの日本専門家たちは、〝小沢一郎民主党政権〟に「反米の疑いあり」との懸念を示していた。私は、小沢政権に対する警戒感を抱くアメリカと、政権公約として民主党政権が掲げる脱官僚姿勢に不快感を示す日本の官僚機構が、お互いの利害の一致をここで見たと判断している。アメリカの動きと日本の官僚機構の動きを並行的に分析することが極めて重要なのである。

まず、2009年2月17日、アメリカのヒラリー・クリントン国務長官が、日本を訪問した。米国務長官が就任後初の外遊先としてアジアを選ぶのは約50年ぶりだった。麻生太郎総理大臣、中曽根弘文外務大臣や皇后陛下と会談している。その際、クリントンは東京大学の学生との公開討論にのぞんだり、皇族とゆかりのある明治神宮にも参拝した。このときに、普天間基地のグアム移設協定も締結されていた。

この日は他にもいろいろと、政治的に大きな意味を持つ出来事が起きていた。当時の新聞を見ると、各紙ともクリントン来日とともに、イタリアでの酩酊《めいてい》会見事件が原因で批判を浴びた中川昭一財務大臣（故人）の閣僚辞任のニュースと、代わって増税派の与謝野馨衆議院議員（菅政権の経済財政担当大臣）が財務大臣に就任することを報じていた。

ただ、クリントンはこのとき、民主党代表だった小沢一郎とも会談している。クリントン・小沢会談について、翌日の産経新聞は次のように報じている。

異例の会談／小沢氏「選挙勝つ」

民主党の小沢一郎代表は17日夜、来日中のクリントン米国務長官と都内のホテルで約30分会談し、日米同盟強化のために両国が努力していくことで一致した。小沢氏サイドは会談前、突っ込んだ議論は控えた「顔合わせ」にとどまるとの見通しを示していたが、小沢氏は中国問題も含めて持論を展開するなど、自身に対する米国の不安を払拭《ふっしょく》するのに力点を置いたとみられる。

会談で小沢氏は「日米同盟が何よりも大事であることを最初から唱えてきた一人だ」と述べる一方、「同盟は一方が一方に従う従属の関係ではいけない。互いに主張を交換し、議論し合い、得た結論をしっかり守っていく関係でなければならない」と指摘した。

小沢氏はまた、在日米軍再編問題について「両国で本当に同盟国として世界戦略を話し合い、合意を得た上で個別の問題に対応していくことが大事ではないか。わが国政府は自らの主張をきちんと主張しえないところに問題があった」と語った。

さらに、中国については「市場主義と共産主義は原理的にあいいれない。必ず矛盾が表面化する。中国の民主化のソフトランディングをいかに行うかが日米にとって、世界にとって最大のテーマだ。共産独裁の中国も困ったものだ」などと述べた。これに対し、クリントン氏は「大変重要な洞察だ。米国は政治、ビジネス、軍事の面で中国により関与していく。日米中のトライアングルが非常に大事な関係だ」と語った。

最後に小沢氏は「国務長官とこうした話を継続してするため選挙に勝つよう頑張る」と述べ、政権獲得への決意を伝えた。

（「産経新聞」２００９年2月18日）

この記事によれば、小沢は自らの持論の「日米同盟関係が対等の関係であり、従属関係ではない」とする立場を繰り返し説明している。おそらくここまで明確に、記者団の面前で現職のアメリカの国務長官に対して言い切ったことは小沢にしても初めてだったのではないか。それに呼応するかのように、クリントンも外務省だけでなく皇居にも足を運ぶなど、今回の国務長官として初めてのアジア歴訪を極めて重視していた様子が窺われる。

同じ2月17日に、アメリカのグローバリズムに批判的だった中川昭一財務大臣が酩酊会見の責任をとって辞任した。中川大臣は、前月のローマでのG7サミット後の記者会見でベロベロに酩酊した状態で日銀総裁との共同記者会見に出席するという醜態をさらした。その後、記者会見に同席していた随行の篠原尚之・財務官、玉木林太郎・国際局長らが会見を中止させなかったことに関する批判が集中した。

辞任した中川に代わって、親米派の中曽根康弘のかつての側近であった与謝野馨がその後任となった。まるでクリントン訪日を待ち構えていたような人事だった。

さて、小沢は、クリントンとの会見を一度は断ったものの、側近の山岡賢次衆議院議員の要請を受けて、二度目に引き受けている。このことも、自分は「呼びつけられたのではない」という主張であり、〝日米対等〟を形として示したい意志の表れだろう。会談が夜の9時から行われたのも異例だった。

実は、小沢一郎は、似たような形で、アメリカの外交当局者との会談を一度断ってから引き受けたことが過去にもあった。それは、2007年8月に、当時のトマス・シーファー駐日米大使が小沢との会談を申し込んだ際のことだった。このときにシーファー大使が小沢との会見で求めたのは、当時のブッシュ政権が行っていたアフガニスタン戦争（「不朽の自由作戦」）における、自衛艦によるインド洋での給油支援を可能にする「対テロ特別措置法」の延長を民主党に賛成してもらうことにあった。

このときも小沢は、会談を要請してきたシーファーに対して当初は会わない意向を伝えていた。ところが、朝日新聞（2007年8月9日付）などが報じたところによると、米大使館が譲歩し、アメリカに理解のある前原誠司・前代表に「日程も、場所も、会談内容も小沢の言うとおりでいい」というメッセージを託した。それでようやく小沢との会談にこぎ着けたのである。

ところが、小沢は、シーファー大使を党本部に呼びつけて、5分間立たせたまま待たせ、さらに別室でも待たせ、その姿をテレビカメラに映させて、シーファーを〝晒しもの〟にした。そのあげく、小沢はシーファーの要請内容である「給油活動」の延長要請を拒否。小沢は「アメリカの進めるアフガニスタン戦争は、国連決議を得た上で始められたものではない」と述べ、国連が決議で設置を認めた国際治安支援部隊（ＩＳＡＦ）にならい、日本も自衛隊を参加させられるという、持論の「国連中心主義」で応じた。

これに対して、シーファーは、「不朽の自由作戦」は国連決議で言及されていると食い下がった。しかし、小沢は「この作戦は、あくまで多国籍軍の独自行動。国連決議で謝意は述べられていても、開戦当初の決議そのものの担保はない。だから現行国内法では違反であるから参加できない」という内容の見解を述べ、なおも食い下がる大使を「大使のご主張は承った。わざわざおいでいただき本当にありがとう」と軽くいなして会談を一方的に終えてしまった。50分間の会談は平行線で終わったと当時の新聞各紙は報じている。

アメリカとの会見をセットした外務省の論理では、外交の継続性の観点から、ブッシュ政権が2

001年に開始した「不朽の自由作戦」の一環であるインド洋での給油活動という後方支援を実施可能にする「テロ対策特措法」の更新を小沢には望んでいた。ところが小沢は、大使の前で自身の持論である国連中心主義に基づくISAFへの自衛隊派遣論をとうとうと語った。「アメリカが勝手に国連の許可を得ないで始めた戦争には、民主党として協力は絶対にできない」とけんもほろろだった。

2009年2月のクリントン国務長官との会談ではさすがに「けんもほろろ」ではなかったが、

「まず断ってから不承不承会う」、それが小沢一郎の〝会談儀式〟か。

(上) 小沢・ヒラリー会談
(下) 小沢・シーファー会談

小沢はまず一度断ってから会談を受けるという〝儀式〟は行っていた。

クリントン来日のさらに3カ月前の2008年12月19日のことである。小沢を除く、鳩山、前原、菅、岡田の4名の党幹部は、都内・帝国ホテルで、「ソフト・パワー」論で知日派としても知られるジョゼフ・ナイ元国防次官補から呼ばれて会談を行っていた。会談には、ジャパン・ハンドラーズのマイケル・グリーン（CSIS日本部長）、その上司であるジョン・ハムレ元国防副長官（CSIS所長）らが参加した。

民主党の政権交代に備えて、ナイは「早期に訪米団を出し、米側と政策への意見をきちんと調整した上で民主党の政権公約を作るべきだ」という要求を突きつけた。これは、およそ独立国に対する要求とは思えない〝宿題〟だったが、09年中には必ず麻生太郎首相（当時）は解散総選挙に打って出るとみられており、次期民主党政権の首脳陣に対するアメリカの懸念はそれほど強かった。

このとき、ナイは民主党の政策集「政策INDEX《インデックス》2008」を引き合いに出しながら、「今、民主党が掲げる政策を一度に実行したら、米議会や政府は反米とみなす。注意すべきだ」と警告している。民主党が掲げる安全保障政策の柱は「インド洋給油活動即時停止」「日米地位協定の見直し」「普天間移設計画を柱とする在日米軍再編計画の白紙撤回」の3点。「反米3点セットに気をつけろ」というのがジョゼフ・ナイの警告だった。

アメリカの国務長官との会談を一度断って受け入れた小沢と、国防次官補経験者との会合に雁首《がんくび》を並べて参加した民主党の過去の代表経験者4人。非常に好対照であるが、やがてナイの真の警告対象は、会合の場にいなかった小沢一郎個人の対米姿勢を指していたことが浮き彫りになる。

そのようなことが前年の暮れにあったのを知ってか知らずか、小沢は2月17日にクリントンと会談した後、さらに強烈なジャブを放つ。2月24日、小沢は衆院選の候補者の選挙応援に出かけた奈良県で、記者団と懇談中、「軍事戦略的に米国の極東におけるプレゼンス（存在）は第7艦隊で十分だ」と述べたのである。この発言がどのような経緯で出たのかはわからないが、概略、次のようなものだった。

米国もこの時代に前線に部隊を置いておく意味はあまりない。軍事戦略的に米国の極東におけるプレゼンス（存在）は第7艦隊で十分だ。あとは日本が自らの安全保障と極東での役割をしっかり担っていくことで話がつく。

米国に唯々諾々と従うのではなく、私たちもきちんとした世界戦略を持ち、少なくとも日本に関係する事柄についてはもっと役割を分担すべきだ。そうすれば米国の役割は減る。（在沖縄米海兵隊のグアム移転をめぐる米国との協定締結承認案件に関しては）個別の話は政権を取ってからにしてほしい。

（「産経新聞」２００9年2月28日）

この発言は、そのまま読めば、日本がアメリカに安全保障を依存するのではなく、日本の自衛隊が自国の防衛は自分で行うという意思表明であり、従来よりも踏み込んだ形で「日米対等」の意思を表明したことになる。折しもこの24日、訪米した麻生太郎首相とオバマ大統領の会談が行われていた。そのタイミングでの小沢のこの発言は、たちまち日本の大新聞の〝ご注進〟により、ワシントンの日本専門家の間に伝わった。

ジョゼフ・ナイが「反米3点セット」の警告を民主党幹部4人に放った09年末の帝国ホテルでの会合に出席していたCSISのジョン・ハムレ所長は、この「第7艦隊発言」に対して、意図をいぶかるコメントをしている。

ハムレ所長は、小沢のこの発言について、「アジアの安全保障環境が突然、不安定になるとしたら、それは歓迎されない」と述べ、日本が米軍撤収を望むなら、「日米間に距離感と空白を生み出す」と批判。同時に「日米同盟を維持しなければ、GNPの3〜4%の防衛コストがかかる」とか、「米国は日本が米国の思い通りに行動すればいいなどとは思っていない」と具体的に反論した。

また、アメリカの保守派で、「日米同盟は日本が弟であるべき」と考えているような論者からも厳しい批判の声が上がった。そのうちの一人、国防総省日本部長を務めたジェイムズ・アウアーは、自民党政権時代の歴代の防衛大臣や防衛官僚らと親しく、防衛ロビイストのような仕事もする人物である。アウアーは、民主党の親米派の長島昭久の師匠でもある。そのアウアーは小沢発言に関し、「自分自身の政治的利益のために日本の政策の根幹まで変えようとする危険な日和見《ひよりみ》主義者であり、日米同盟を崩す可能性がある」と新聞紙上で厳しく批判している。

さらには、普天間移設交渉をめぐる内幕を暴露し、「沖縄県民はゆすりとたかりの名人」という問題発言を残して、２０１１年3月10日というまさに大震災の前日に国務省日本部長の座から追われることとなったケヴィン・メア（当時は沖縄総領事、現在はＮＭＷコンサルティング所属）も、このとき、「極東における安全保障の環境は甘くない。空軍や海兵隊の必要性をわかっていない」と批判した。さらに、日本がアメリカから自立することを「日本再軍備」と理解した日本共産党や社民党なども小沢発言を非難するなど、大きな波紋を呼んだ。

小沢はこの「第7艦隊発言」について数日後の27日にはその意図について釈明したが、問題の発言の前日の23日には、中国の王家瑞《ワンジャールイ》・中国共産党対外連絡部長と会談。クリントンとの会談が30分だったのに対して、王家瑞とは75分も話し込んだことを朝日新聞は伝えた。このとき、朝日は同じ紙面でジョゼフ・ナイの「反米3点セット」についても報じている。

小沢の行動は贔屓目《ひいきめ》に見ても、アメリカを牽制するために中国との会見を重視し、アメリカに対して「日米が対等なパートナーシップ」を作ろうという意図が見て取れる。小沢は王家瑞との会談で、日本とアメリカ、日本と中国の間の距離が同じであるとする、3国の「二等辺三角形」論を打ち出している。ジョゼフ・ナイも「トライアングル」論については２００６年ころから使い始めていたが、小沢と意味するところは当然違っていた。

そして、そのほぼ1週間後に小沢に対する特捜部の強制捜査が始まるのである。こうして小沢の秘書は逮捕され、小沢は5月の連休明けに代表を辞任、選挙担当の代表代行となって鳩山新代表を支える側に回った。

「2007年大連立騒動」で暗躍した読売新聞社主

ところで、小沢一郎は民主党代表の辞任騒動を2007年にも引き起こしている。それは、小沢がシーファー駐日大使に対テロ特措法の延長問題で会見し、〝うっちゃり〟を食らわせてから数カ月後のことだった。このときは、小沢率いる民主党と、福田康夫首相率いる自民党の大連立構想が火種となったが、その自民党側のアプローチの背後には、やはり小沢の安全保障観があった。

小沢と福田はこの年の11月2日に党首会談を行い、福田首相から自民と民主の大連立構想を持ちかけられていた。福田首相は、テロ対策特別措置法の改正案について、小沢民主との連立ができるのであれば成立にこだわらない、との意向まで表明していた。

福田は小沢に対し、「国際平和協力に関する自衛隊の海外派遣は、国連安保理もしくは国連総会の決議によって設立された、国連の活動に参加することに限る」と確約する〝証文〟まで小沢の面前で書いたという。自民党は07年にあった参議院選挙で大敗しており、参議院と衆議院で多数派が異なる「ねじれ国会」の事態を生じていたのである。

結局、小沢が党に持ち帰った「大連立案」は、党内の猛反対を受け撤回された。その場で小沢が自民党に電話を入れて断っている。

気になるのは、小沢が大連立構想の撤回で「混乱を招いた」という理由で責任をとって、4日に突如、代表辞任を表明したことである。この日は、アメリカの金融財閥の総帥であったデイヴィッド・ロックフェラーが来日し、定宿のホテルオークラに泊まっていた。当時参院議長だった江田五月（現法務大臣）と、政財界の関係者が多く集まったパーティーの席で同席している。真偽はあくまで不明だが、ロックフェラーが天皇陛下と会見したという風説まで流れた。その同じ日に小沢が辞意表明をしたので私は大いに驚いたことを覚えている。

小沢は「辞意表明」の会見の場で、大連立をめぐるマスコミ報道を痛烈に批判している。その批判は、連立に関する相談を「小沢の方から持ちかけた」と大きく報じた読売新聞や産経新聞に対するものだった。後になって、大連立をめぐる相談は、10月25日に中曽根康弘元首相と読売の渡邉恒雄・本社代表取締役会長、系列の日本テレビの氏家齊一郎《うじいえせいいちろう》（故人）が、オークラにある料亭「山里」に集まって行われたものだと週刊誌等で報じられた。小沢は、中曽根・読売が仕掛けた大連立を、まるで小沢が持ちかけたように報じられて、「罠《わな》にはめられた」ことに気づき、それに大いに怒ったのではないかと言われたが、そのとおりだろう。

大連立を仕掛けた側にしてみれば、うまくいけば「小沢副総理」で一本釣りして民主党内を大混乱に陥らせることができ、ダメでも小沢自身への党内不信を招くことができる、と計算したはずである。読売グループは、アメリカとの親密さでは群を抜くグループである。ただ、読売新聞は熱心に小沢バッシングをするのに、この福田との党首会談には小沢が従っているのも不思議ではある。

結局、このときは小沢は辞任せず代表にとどまったが、独特な安全保障観をめぐって小沢の首にどうやって鈴を付けるか、自民党やそれを応援する親米派の読売にとってはそれが大きな課題だったことがわかる。

小沢辞任後の政局を協議した2009年の「三極委員会東京総会」

今、読売新聞の話をした。マスコミは基本的に官僚とアメリカに対しては甘い。かたや、政治家に対しては厳しい。

その理由は、私が前著『ジャパン・ハンドラーズ』で書いたとおりである。それはすなわち、アメリカは世界中の国々からジャーナリストのみならず、政治家（候補生も含める）や官僚、学者たちを多額の奨学金を提供してアメリカに呼び寄せ、教育を施す。その際に、アメリカに対して従順になると判断された者だけが優先的に出世していく。新聞社の例でいえば、ワシントン特派員時代にアメリカとの人脈を作ることに成功した者が、やがて日本に帰国したときに首相官邸担当の政治部記者（いわゆる「番記者」）となり、論説委員長などに出世していく。それゆえマスコミはアメリカに対して甘く、そのアメリカを後ろ盾にする官僚にも甘いのである。

読売の渡邉恒雄は、ワシントン駐在当時、そのころ勇名を馳せていたニクソン政権大統領首席補佐官だったヘンリー・キッシンジャーと近づきになり、その活動をまとめた本を書いている。読売新聞のアメリカとのパイプは中曽根康弘によっても補強されていたが、渡邊と中曽根は盟友関係にあった。

一方、朝日新聞でも終戦直後の緒方竹虎社主だけでなく、最近まで船橋洋一のような親米一辺倒の幹部（主筆）がいた。

船橋洋一は、竹中平蔵・元総務大臣と同じ時期にアメリカのシンクタンク「国際経済研究所」（現・ピーターソン国際経済研究所）に席を置いたジャーナリストで、弟の船橋晴雄は証券取引等監視委員会事務局長をしていた元官僚の財界人である。新聞に報じられた訃報記事によれば母親はカトリック（イエズス会）であるから、おそらく2人の息子も同様であろう。船橋の夫人はジャーナリストで、アメリカのシンクタンク関係の著作を何冊も書いている木下玲子女史だ。

船橋洋一と小沢嫌いのジョゼフ・ナイの2人は、デイヴィッド・ロックフェラーが設立した国際フォーラムである「三極委員会（トライラテラル・コミッション）」のメンバーである。キッシンジャーもその会のメンバーである。また、朝日の緒方竹虎の息子、緒方四十郎《しじゅうろう》（元日銀理事）の夫人が、やはりカトリックの緒方貞子（元国連難民高等弁務官・ＪＩＣＡ理事長）であり、彼女もまたロックフェラーのつくったこの会の主要メンバーである。

三極委員会の日本側事務局長の山本正・日本国際交流センター理事長や、国際派財界人の小林陽太郎（元富士ゼロックス相談役）もまたカトリックであり、さしずめ三極委員会は日本におけるカトリック・パワーの結節点と言えそうである。朝日の場合は、読売とは違ったかたちでアメリカと太いパイプを持っているわけだ。

さて、その朝日の船橋主筆だが、CIAのエージェントだった時期があるのではないかという説がある。この説の根拠となるのが、「クロウリー・ファイル」という人物リストである。これは、かつてCIA上級オフィサーだったロバート・クロウリーという人物が2000年に死去したときに遺していったものだ。クロウリーは、ジョゼフ・トレントというジャーナリストが書いた『CIAの秘密史』(未邦訳)という本のためのインタビューに協力していた。

このリストはアルファベット順に、世界中にいた2619人の「CIAの情報源」とされる人物の名前をリストアップしているのだが、この中に「船橋洋一」の名前がある。リストの「F」の項目には「Funabashi Yoichi, Ashai Shimbun, Washington, DC」とある。船橋は朝日新聞社を退社後、一時、前原外務大臣のアドバイザーを務めていたことが週刊誌で報じられたこともあるほか、日米同盟絡みの知日派が集うシンポジウムにもよく出席している(リンク:http://cryptome.org/cia-2619.htm)。

このクロウリー・ファイルのCIAリストには、日本でもTBSテレビの対談番組『時事放談』に出演するお馴染みの日本研究者のジェラルド・カーティス(コロンビア大学教授)の名前も載っている。カーティス教授のいるコロンビア大学では、小泉元首相の息子・進次郎衆議院議員が学んだほか、中曽根弘文外相の息子も学んでおり、カーティスの娘、ジェニーとは親しい間柄らしい。その小泉進次郎はコロンビア大を卒業後、国会議員になる前は、CSISの日本部長のマイケル・

グリーンの指導でインターンをしており、今もCSISのサイトにはグリーンと共同で執筆した短文レポートが掲載されている。

要するに、日本のジャーナリストにはCIAそのものではなくとも、その情報提供者として記録されている人物が多数いるということである。実際にはリストに載らないケースも多いだろう。

話を戻す。小沢に対する「国策捜査」が始まって、メディアが小沢の秘書の逮捕や政治資金（「政治とカネ」問題）で一色になった頃の2009年のゴールデンウィーク直前の4月26日、ロックフェラーが再び来日して、三極委員会の東京総会が開かれた。

このときも、ナイや船橋、キッシンジャーが会合に参加している。麻生太郎総理も出席し、歓迎

「小沢一郎とことん大嫌い」の日米の代表格。
(上) ジョゼフ・ナイ元国防次官補
(下) 船橋洋一・元朝日新聞〝主筆〟

のスピーチを行っていた。

私はたまたまこの日、会場となったホテルオークラに打ち合わせで訪れていた。そして、昼食前の休憩時に、地下の会場から出てきた船橋とナイが共に並んで会場に向かっていったのを実際に目撃している。2009年1月初めごろから、読売を除く朝日を中心とするメディアは、シーファー大使の後任には「ナイが最有力」との記事を盛んに書いていた。

ナイは民主党政権誕生後の駐日大使と日本の外務省から望まれていた人物であり、同時に、実にストレートに小沢民主党に対する不信感を示した人物である。ナイは三極委員会の北米議長であるほか、アメリカ国内ではハーヴァード大学の国際関係論の教授でもあった。緊張が予想される民主党政権下での日本に赴任する可能性は低いと推測されたが、果たしてそのとおりになった。

5月末ごろに、次期大使には、カリフォルニアのシリコン・バレーの企業弁護士で、鳩山次期首相と同じ大学出身のジョン・ルースが決定したと報じられた。一説ではヒラリー国務長官はナイを希望していたがナイが固辞し、最終的にはオバマ大統領の人脈を頼った人事となったともいわれるが真相はわからない。

ただ、ルースを大使として議会が承認する際に、知日派の重鎮であり三極委員会の前北米議長であったトム・フォーリー元大使が公聴会に出席している。ルースの〝品質保証〟を行ったのは事実であり、これは同会の現北米議長であるナイも了解した話だったのだろう。

ともかく、「反米・小沢」に対して、日本の官僚機構である東京地検特捜部の「国策捜査」が進むなかで、アメリカ側は次期民主党政権に対する布石を次々と打っていた。だが、その重要な舞台になったであろうキーパーソンが多数出席した三極委員会のことは、メディアはほとんど報じなかった。

東京地検特捜部の「恐るべき出自」

東京地検特捜部というのもアメリカとの因縁《いんねん》が深い。小沢の事務所に強制捜査を仕掛けたときの特捜部長は佐久間達哉《さくまたつや》という人物である。横浜市出身で、１９８３年に検事に任官し、在米日本大使館一等書記官、法務省刑事課長、東京地検特捜部副部長、同地検総務部長などを歴任した人物であることが報じられている。検察官でアメリカ帰り、というのもなかなか興味深い経歴だ。

さらにいえば、実は東京地検特捜部そのものが、アメリカ（占領軍）によってつくられた存在である。この事実を国民の前に初めて明らかにしたのは、石川議員らが逮捕された翌日、２０１０年1月16日に開催された民主党大会にゲストとして参加した、新党大地代表の鈴木宗男議員（現在は失職）であった。

「東京地検特捜部」の成り立ちはこうである。特捜部の始まりは、１９４７年（昭和22年）に検察庁に設置された「隠退蔵《いんたいぞう》事件捜査部」という部署である。これは、日本が米国をはじめとする連合国によって占領されている時期に設置されたものだった。

無条件降伏を決定したときの内閣は、日本軍が本土決戦に備えて備蓄した燃料・アルミ・銅・貴金属・食料（米・味噌・醤油他）などの軍需物資を、米軍に接収される前に民間に払い下げる法案を閣議決定した。

その後、１９４７年、衆議院決算委員会で、日本自由党の世耕弘一《せこうこういち》（自民党参議院議員の世耕弘《ひろ》成《しげ》の祖父）が「日銀の地下倉庫に隠退蔵物資のダイヤモンドがあり、密かに売買されている」と発言。この発言を契機に連合国軍最高司令官総司令部（ＳＣＡＰ）経済科学局が日銀の地下金庫を捜索してダイヤモンドや貴金属類を押収し（指揮者は局長ウィリアム・フレデリック・マーカット中将）、「衆議院不当財産取引調査特別委員会」が実態を調査することになった。

同委員会が調査したところ、そのカネの一部が大物フィクサー・辻嘉六《つじかろく》に渡っていて、辻は大物政治家にカネをばら撒き、政界への発言力を増して、自身に有利な事業展開を図っていたことが判明する。この事件を契機にして、検察庁に隠匿退蔵物資事件捜査部（現・特別捜査部）が設置されたのである。

ここで重要なのは、ウィリアム・フレデリック・マーカット中将である。マーカットという名前は、いわゆる「Ｍ資金」のＭのイニシャル。Ｍ資金というのは一言でいえば、戦時中に大日本帝国軍がどこかに隠したとされる秘密資金のことだ。米国・占領軍はマーカット中将に指揮をさせて、その探索をやらせていた、ということである。

Ｍ資金の「Ｍ」は、この隠退蔵物資事件に登場するマーカット中将のＭなのであるが、占領軍が、日本の指導部が隠匿した物資を摘発するために現在の特捜部の母体となる組織をつくっていた、という事実の方が重要だ。

つまり、〝特捜部は米国のために日本の指導部の隠し資産を摘発する部署だった〟という恐ろしい出自がここで明らかになる。

特捜部はそのような経緯で成立したわけだから、法律条文にはっきりした設置根拠があるわけでもない。特捜部について、実は検察庁法には一行も規定がない。せいぜい、検察庁事務章程という内規の「別表1」というところにわずかに記載されているだけである。

検察庁の「花形」といわれる部署でありながら、まったく法的な設置根拠が無いといっていいに等しいわけだ。まるで、日本古代の律令制度における、律令本体に規定がない「令外官《りょうげのかん》」のような存在であったのである。

私はこの章の冒頭で、「小沢一郎は自らが阿弖流為《アテルイ》の末裔であると自覚しており、その事実が、小沢が国策捜査の罠にかかったことを必然的なものにしている」と書いた。そして、小沢を追いつめて代表辞任に追い込んだ特捜部は、アメリカが占領時代につくった「隠し資産摘発」のための部署であり、検察庁法にはろくに規定のない「鬼っ子」のような存在であった、と――。

しかし、特捜部検事は「巨悪を眠らせない」との掛け声のもと、まるで悪党をやっつける正義の味方であるかのように報じられてきた。しかし、小沢一郎の強制捜査に対しては、民主党の鳩山幹事長（当時）からも「国策捜査だ」との批判が寄せられたし、インターネットを中心に、特捜部の捜査手法はおかしい、特定の政治家を政権交代前に「政治資金規正法違反」として、それも他の多くの政治家たちが行っている行為で狙い撃ちするのは公正な司法権力の行使ではない、という批判が元検事の大学教授などから上がるようになった。

特捜部と時の政治権力の密接な〝連携〟を窺わせることになったのが、小沢への強制捜査の数日後の3月5日、総理大臣、官房長官に次ぐ、統治機構のナンバー3である官房副長官の漆間巌《うるまいわお》が行った記者団へのオフレコのブリーフィングであった。

漆間官房副長官は、西松建設OBが代表を務めていた政治団体から、小沢だけでなく、自民党の二階俊博経済産業大臣（当時）や首相経験者の森喜朗にも献金やパーティー券の代金が流れていたことに関連し、「自民党に及ぶことは絶対にない。請求書のようなものがあれば別だが、金額が違う。立件はない」と、捜査中の事件に関して極めて異例な形で今後の見通しを断言した。この漆間発言をオフレコの禁を破って朝日新聞が実名報道、各紙も追随して実名報道に切り替えた。民主党が検察の捜査を批判し、それをマスコミが批判していた時期だっただけに、批判は献金を受け取っていた自民党側や、その政権で官僚機構のトップを務める官房副長官の漆間に集中した。

官房副長官といえば、民主党政権になって「官僚主導」の悪しき象徴として廃止された「事務次官会議」の仕切り役だ。国会ではほとんど答弁することはないものの「ナンバー3」の座にある。官房副長官は、政治家が2人、官僚出身が1人の3人体制だが、歴代の副長官には旧内務省の流れをくむ旧厚生省、旧自治省、警察庁の出身者が多い。時に「影の総理」と呼ばれたこともある。漆間副長官も警察庁出身だった。漆間は否定しているものの、何らかの情報交換があったのかもしれない。

　また、小沢の側近と言われる平野貞夫・元参議院議員が、CS放送のニュース番組の中で、これは麻生政権の森英介法務大臣の「逆指揮権発動」だったと語っているが、この真偽はわからない。ただ、官僚のトップである漆間官房副長官が、官庁からの情報のまとめ役となっている可能性は否定できないだろう。

　このように見てくると、小沢一郎に対する強制捜査は、官僚機構の間で大きな「意思の一致」があったのではないかと思えてくる。

「小沢包囲網」を敷いた官僚連携軍。
(上)佐久間達哉・東京地検特捜部長(当時)
(下)漆間巌・官房副長官(当時)

先に紹介したアメリカのジョゼフ・ナイは、当時の小沢民主党に警告を与える際、民主党の重点政策を引き合いに出していた。そこで私も、同じ「民主党政策ＩＮＤＥＸ２００８」を見ることにする。官僚制度については次のような記述がある。

霞が関改革・政と官の抜本的な見直し

官僚による独走を防ぐため、与党議員が１００人以上、副大臣・政務官等として政府の中に入り、中央省庁の政策立案・決定を実質的に担うことによって、政治家による霞が関主導体制を確立します。〔中略〕また各省設置法のあり方を抜本的に見直し、内閣の意思によって柔軟かつ機動的な省庁再編を可能とするように改めます。

（「民主党政策ＩＮＤＥＸ２００８」７ページ）

ここに小沢カラーが強く出ている。「官僚の独走を防ぐ」という表現には、小沢の官僚主導政治を打破するという強い意志を感じる。これはだいぶ古い資料になるが。小沢は小泉政権時代の２００４年に雑誌「中央公論」に次のように書いている。

戦後保守政治の哲学といわれる吉田ドクトリンは、長い間、自民党のみならず、官僚、企業、さらには一般社会にまで浸透し、日本人全体の考え方になっていた。具体的にいうと、日本はアメリカの占領体制に身をゆだね、難しい政治的課題はすべてアメリカに任せて、自分たちは国内の経済的な復興と繁栄に専念してきた。この吉田ドクトリンという政治哲学のもとで、半世紀以上が過ぎた。

政治的決断をすべてアメリカにゆだねてしまったがために、戦後体制の中で、日本には本当の意味での「政治」が存在しなかった。金儲けに専念し、儲けたものを国民にいかに配分するかが日本の戦後政治のすべてだった。だから徴税権と、税を配分する権限を持つ官僚の支配が強まるのは必然だった。ある意味では、戦前以上に強力に、官僚支配は日本国中津々浦々にまで及んだ。

実質的な支配権を官僚が握り、政治家は富の配分によって自分の立場を守ろうとする。業界はその体制の中で金儲けを進める。それが政官業癒着の構造だ。政治家は官僚の支配権とそれを維持するための仕組みを守ってやり、官僚はそのお返しとして、政治家や業界にサービスする。そうした持ちつ持たれつの関係でずっとやってきた。

（「小泉歌舞伎の終焉」「中央公論」2004年9月号）

ここには、小沢の政治思想の中でもっとも重要な三つの思想のうち、二つが描かれている。まず最初は「アメリカからの自立」、次に「官主導体制からの政治家の自立」である。そして、もっとも重要な三番目の自立が、自著『日本改造計画』などで繰り返し論じてきた「日本人の個の自立」である。小沢は「国家の主人は国民に選挙で選ばれた政治家であって、選挙を経ない官僚ではない」「個人の主人は自分自身である」という近代合理主義の思想の体現者なのである。

これに対して、官僚制度は、既得権の維持、現状維持、予定調和による安定を最も重視する存在である。現在の統治機構を揺るがす小沢一郎の制度改革を、出来れば「骨抜き」にして、主導権を自分たちの側に保っておきたい。自民党政権時代は内閣法制局が、立法能力の無い官僚の代わりに法律案を書き、法律解釈のできない政治家・官僚の代わりに憲法解釈を行っていた。政治家は富の配分だけをする族議員となっていたが、それを支えていたのも霞が関官僚であった。「政治家は、地元と官僚と業界のメッセンジャーボーイ役を務めていればよかった」と、この寄稿の中で小沢は述べている。

また別の雑誌記事の中でも、小沢は菅直人代表（当時）との対談で、「事務次官会議はもはや必要ない」とする菅に同意していた。この記事の中では、菅が「閣議では事務次官会議で決めたことしか議論できない」として、民主党政権では事務次官会議を廃止し、「閣議の下打ち合わせどころか、事前の承認機関にすることもやめます」と確約している。小沢も、これに「官僚が目標なく自分たちの個別利益、あるいは役所の利益のためにやっているカネの使い方を、国民の利益のためのカネの使い方に変える」と応じている（「月刊現代」２００３年10月号）。

これらの政策を掲げ、アメリカに対しても断固として対等の関係を求める小沢に、戦後、吉田ドクトリンの体制のもと、アメリカと「日米事務方同盟」を築き上げてきた官僚機構は震え上がったのである。アメリカ側からの突き上げもあっただろうし、官僚機構の自己防衛本能が働いた。だから、官僚機構の間で、小沢を抹殺するべく共同謀議（コンスピラシー）が行われたのである。その結果が、２００９年3月3日の東京地検特捜部による突然の強制捜査だったわけだ。

それほどまでに官僚を恐れさせた小沢が成し遂げようとしたことは、日本政治史上、一体どういう意味を持つのであろうか。

「政治思想家」としての小沢一郎を考える

ここで一時、特捜部による強制捜査についての話題から離れて、小沢一郎の、政治家としてではなく思想家としての側面を見ていこう。週刊「アエラ」（２００6年1月23日号）には、小沢の政治思想について深く掘り下げた記事がある。

この記事には、小沢が個人事務所を構える東京・赤坂のマンションの机に、岩手県南部藩出身で、藩閥出身でなく庶民から初めて総理大臣になった原敬《はらたかし》の写真が飾られていることや、小沢が政治家になるまでの若いころの様子が書かれている。

小沢の父親・佐重喜《さえき》は東京の下町を地盤に府議を務め、戦後、岩手県選出の代議士になった。１９６0年の安保国会では「安保特別委員会委員長」を務めている。小沢は、そのような叩き上げの「エスタブリッシュメント（支配層）に馴染めない男」だった不器用な父親の姿を見て育った。

その後、小沢（1942年生まれ）は25歳で慶応大学を卒業し、父親の母校でもある日本大学大学院で司法試験の勉強を始めた。政治家を志したのは高校生のときで、弁護士は出馬するまでの職業という選択だったが、父親が亡くなり、やむを得ず二度目の司法試験に向けての勉強をやめて国会議員選挙に出馬した。

小沢が外遊する際に通訳を繰り返し務めた米国在住のジャーナリストの岡孝《おかたかし》（元・新進党国際局長）は、英文で書いた小沢一郎の伝記の中で出馬の経緯について記している（"*Policy Entrepreneurship and Elections in Japan*" 2011）。

それによれば、若き小沢は、父親の選挙参謀であった鈴木精七の指導を受けたという。鈴木には『選挙参謀・手の内のすべて』（講談社）という著書がある。小沢が立候補しようとした選挙区（中選挙区、旧岩手2区）には、自民党から当時エリート候補者で、岩手のヒーロー、関東大震災復興院総裁を務めた後藤新平の縁戚にあたる椎名悦三郎・元外務大臣や、防衛庁長官だった志賀健次郎といった強豪が構えていた。そこで鈴木が指示したのは、まず海外諸国を観てまわること、具体的にはイスラエルとネパールに行くように言ったという。イスラエルは1967年に第三次中東戦争が起きていたとはいえ、ネパールは全くの辺境であった。

小沢が初当選したのは1969年。このときの選挙公約で、小沢はすでに「官僚政治打破と政策決定を政治家の手に取り戻す」と選挙公報に記している（『小沢一郎政権奪取論』五百旗頭真ほか、朝日新聞社）。小沢は司法試験には合格していないものの、それだけに、法曹界の馴れ合いの構造に染まっていない。先の「アエラ」の記事は、「法律の勉強はスラスラ頭に入る。小沢の持つ論理的明晰さは天性のものであったろうが、法律に馴染んだことがそれを磨いたように見える」と書いている。

エスタブリッシュメント候補2人のいる選挙区で、小沢は、初出馬でしかもトップ当選を果たす。2位の椎名に2万票近くの差をつけての快勝であった。「選挙の小沢」の伝説はすでに初当選時に生まれていたのである。新人議員小沢は党人派の田中角栄の派閥に入る。角栄が佐藤栄作から独立して自分の派閥を持ったのも、この総選挙の後である。

田中角栄は大蔵官僚出身の福田赳夫とライバル関係にあったが、すでにこのとき党幹事長として自民党を切り盛りしていた。6歳で亡くした長男・正法と同い年だった小沢を、角栄は「ああ、死んだ俺のせがれと同じ年だ」と言って、以後、小沢を可愛がった。角栄は「小沢一郎というのは偉くなる。あれはそこらの連中とはモノが違う」とも周囲に公言していたという。小沢自身も「本当の息子のように可愛がってくれました」と角栄を回想している。角栄と小沢の父親・佐重喜にはつながりはなく、小沢が自分の意志で「オヤジ」を決めたことになる。

田中角栄は、反官僚ではなかったものの、官僚を使いこなすのが抜群にうまかったとよく言われる。官僚が考えることを先読みしてピッと答えを出す。だから、官僚としてはそれに従わざるを得なかったし、さすが角栄だ、ということになる。

小沢一郎は21世紀に入ってからの対談で、角栄について次のように評価している。

小沢　要するに田中先生は、戦後体制の中の一人だったということです。その時代はそれでいいんです。だめだというんじゃないんです。〔中略〕けれども体制を壊そうとした人ではない。僕は体制そのものを変えようとしている。だから、僕にとっては反面教師なんです。〔中略〕田中、金丸、竹下の3人はいずれもその（注：足して二で割る「日本的コンセンサス」）達人だ。だから、僕はいわば「日本的コンセンサス」の免許皆伝です。3人に直接教わったんだから。日本的な流儀でやろうとするなら、いくらでもできるんです。だけど、そのやり方ではもういけないというのが僕の主張だ。

（『小沢一郎政権奪取論』五百旗頭真他の聞き取り、52ページ）

ぜひとも、小沢グループの「一新会」の所属議員たちに読んでいただきたい一節である。実際、小沢一郎は田中角栄をも乗り越えようとして苦悶しているのである。小沢は、角栄がアメリカの仕組んだ謀略ともいわれる「ロッキード事件」で失脚した後、その裁判を最初から最後まで傍聴した。法律家を志した自身の視点で小沢は角栄裁判を研究したのだろう。そして、その過程において、国民の代表である政治家は、時にこのように官僚機構の仕掛けた網に絡め取られてしまうということも理解したのではないだろうか。

小沢一郎が乗り越えようとしたもの、それは「和を以て貴しとなす」という日本的コンセンサスであった。だから、小沢はアメリカ大使のシーファーに対しても、誰に対しても、いくら「傲慢」

と言われようと自分の個を押し出すことを躊躇《ちゅうちょ》しない。だが、それこそが、小沢が〈日本〉そのものを突き抜けようとした政治思想家の一面を持っていることの表れでもある。小沢の「傲慢さ」と「政治思想家としての切れ味の鋭さ」は、切っても切れない関係にある。

ここまででわかったことは、もともとの小沢というのは普通の政治家には無い面を持っている。それは、ある種の「制度革命家」であり、傍観者的な評論家ではない意味での「インテリ」であるということだ。

小沢はよく、民主党の政権交代を明治維新になぞらえて話す。小沢は明治維新についての認識を、司馬遼太郎などの歴史小説から得ている。また、ヨーロッパ政治の歴史については、作家・塩野七生《しおのななみ》の作品から得ているようだ。その他、マックス・ヴェーバーや北一輝、チャーチルやドゴールの回顧録、欧米の百科事典まで広く読んでいるらしい。

さらに小沢の政治思想について、前出の岡孝の著作を引きながら見ていこう。岡は著作の中で、小沢について、メディアで一般的に抱かれているような、金権政治家でありパワーブローカーであるとする見方とは別に、「政策の実現を最大の目的とする政策的起業家（ポリシー・アントレプレナー）である」とする見方が対立していると論じる。岡は、小沢の主に選挙制度改革（小選挙区比例代表並立制の導入）やその外交思想を検証し、小沢の政治行動は、巷間《こうかん》言われるような「豪腕」や「壊し屋」というイメージで片付けられるものではなく、自分の目標、すなわち「普通の国」の実現に向けて計算され、時に失敗を重ねながら向かっていると論じている。

ここで重要なのは、岡孝が小沢の政治目標を論じる際、単に「選挙における当選（生き残り）」や「総理大臣や閣僚のポストを得ること」ということを目指しているのではないと論じている点だ。実は、小沢はこれまで何度もインタビューで総理の椅子への執着を否定している。

例えば、2006年に小沢は「次の選挙で民主党が過半数をとって、いよいよ政権を取れるというときに、僕は総理になんかならないで、（民主党）代表をやめたってかまわない」と、作家の大下英治に語っている。

小沢の目指す大きな目的は、先に記した「三つの自立」である。小沢の「見かけ上の傲慢さ」を割り引いた行動だけを虚心に見ていけば、そのような合理性に従って政治活動をしていると判断するしかない。

『日本改造計画』に書かれている有名なエピソードに、「グランドキャニオンに柵はない」というものがある。これは、危ないからといって官僚がむやみに規制を作って介入しない、とするのがアメリカの自由主義だという主張だ。その意味で小沢は、アイン・ランド的なラディカルな自由主義、すなわち、リバータリアンの思想も多少、兼ね備えているようだ。「人間は己の理性（リーズン）のみを信じよ、自分のご主人様は自分以外にはない」という思想である。峻厳なまでの自立（セルフ・リライアンス）の精神だ。小沢は日本人にこの精神を強く要求する。同時に、その精神で生きられるように、日本の国家体制を根底から変えようとしている。これは完全に欧米社会のエートス（行動原理）である。日本の既成権力にとって、これがどれほど恐ろしいことかわかるだろう。

岡孝はそのような制度革命を小沢は行おうとしているのだと述べ、これをある政治学者の言葉を使って「投票箱を通じた革命（revolution through the ballot box）」と表現している。

小沢は明治維新についても単純な理解ではなく、「政治制度の変革」という観点で発言している。岡によれば、小沢は1998年の自由党の結党大会において、「自身の政治的目標は、明治初期に〝無名の若者たち〟によって開始された、革命を完成させることだ」と語っている。

これらの若者たちについて、岡は同書の中で、「やがて明治の藩閥政府の官僚主義に毒されていき、元老となった有力政治家たちが強制した強固な自由の弾圧に敗れていった」と、小沢の主張を解説する。

以上をふまえ、岡は小沢の明治維新観について、次のようにまとめている。明治期において二つの異なる政治潮流が存在し、ひとつは「個人主義と自由民主主義」に向かっており、もうひとつは「ナショナリズムと（日本は他の国と異なるという）日本例外主義」に向かっていった。結果的に後者の考えが「神国日本」という形で表れ、前者を圧倒してしまい、壊滅的な日米戦争になだれ込んでいった。

また、小沢は司馬遼太郎の『坂の上の雲』の愛読者であるという。戦前の大正デモクラシーについて、小沢の私淑する同郷人、原敬首相の暗殺（1921年＝大正10年）とその翌年の山縣有朋《やまがたありとも》の死で、明治以来の維新が終わったという視点に立つ。あとはリーダーがいなくなり、官僚機構だけが残った。小沢は「行政官僚であれ、軍部官僚であれ、所詮は責任を取らぬのが官僚である」と別の雑誌のインタビューで答えている（雑誌「ＢＯＳＳ」ニューリーダー、２００２年４月号）。

日本の歴史に連綿として影を落とす「律令制度」

明治以前にも日本には、官僚主導の政治システムがあった。それが律令国家体制である。この体制は、官僚主導が明治になって憲法体制によって明文化されたことでさらに強化される。明治維新後、憲法制定にあたり、維新の立役者であった伊藤博文は、オーストリアの憲法学者フォン・シュタインの勧めにより、行政権優位の官僚主導の憲法をつくることを決意した。視察したドイツ（プロシア）で、行政府の提出した法案を議会が次々に否決する姿を目の当たりにしたことで、「維新後まもない日本には強力な行政権が必要だ」と伊藤が決断したからだった。また、第２代首相となった黒田清隆もこれに応じ、官僚は初党派から独立する「超然主義」を唱えた。「超然」という言葉が象徴するように、これは官僚が、議会よりも、各政党よりも、一段上の立場にあるという意味であった。

一方、明治初期には、四国や九州で起きた「自由民権運動」（議会開設など、人民の権利を求める運動）があった。これは人民主権をよりラディカル（急進的）に求める運動であった。この過程では、のちに国粋主義右翼として知られるようになる「玄洋社《げんようしゃ》」などの九州の民権運動結社は、新憲法制定に際して、アメリカ憲法型の「民選憲法」を求める動きに出たが、これは民権運動を弾圧する長州閥の山縣有朋らによって潰された。山縣の進めた明治国家の警察国家化が日本全体を監視する「内務省」の誕生につながる。今の総務省（以前の自治省）である。特捜部の捜査についてのオフレコ発言をした漆間官房副長官は、旧内務省系の警察庁出身の上級官僚であった。

大日本帝国憲法は、官僚主導体制を明確に決定づけた憲法だった。第9条では「天皇は、法律を執行するために、又は公共の安寧秩序を保持し国民の幸福を増進するために、必要な命令を発し、

大日本帝国憲法によって明文化され、日本の律令制度はさらに強化された。

（上）大日本帝国憲法発布式
（下）山縣有朋

又は発せさせる。ただし、命令をもって法律を変更することはできない」と定められた。

これは勅令《ちょくれい》についての規定である。議会の立法権とは独立して、「天皇の官僚」たちが、自由に勅令を法律と同じ効力を持つ形で濫発《らんぱつ》できる土台をつくったのである。天皇を支えるとの大義名分のもとで、専門分野の知識を持つ官僚たちが跋扈《ばっこ》する口実ができた。これも明治より前から存在した、日本古来の「権威と権力の分離」という律令制度の考え方である。

事実、勅令の濫発という事態も起きた。天皇の名前を使って「勅令」が濫発されたわけである。これが、現在の憲法体制でも「政令」「閣議了解」として生き残るのである。この勅令濫発を批判したのが、「憲政の神様」の尾崎行雄《おざきゆきお》だ。尾崎は議会演説で、山縣の子飼いの桂太郎《かつらたろう》内閣を厳しく弾劾する演説を行った。

そして、大正期を経て、日本が戦争へと突き進んでいく直前になると、政党政治（議会政治）は弱体化・形骸化が進み、短命内閣が続くようになる。内閣が次々と替わると議会の力が弱まるので必然的に「超然主義」が強化される。この現象を、作家の堺屋太一は「鉢植《はちう》え内閣」と呼んでいる。官僚がまるで植木の鉢を替えるように、ポンポンと内閣を替えていくからである（「日本経済新聞」2010年6月9日）。

この「鉢植え内閣」では必然的に国の借金が急増する。なぜなら、「閣僚たちが各省官僚の資料と説明を丸のみするから」（堺屋太一）からである。巨額の借金を官僚主導政治はつくり出し、体制が維持不可能になって、戦争という究極の国家破産政策ですべてを焼き尽くした。これが日本が推し進めた戦争の正体だろう。

しかし、戦争が終わっても官僚機構は死に絶えなかった。野口悠紀雄（早稲田大学教授・元大蔵官僚）が言うところの「1940年体制」は戦後も生き残った。占領軍、GHQがこの官僚機構をたくみに利用して、占領統治を円滑に行ったからである。

戦時中の計画経済は、戦後の官僚主導の経済復興計画へと姿を変えた。これが、作家・城山三郎が小説として描いた『官僚たちの夏』（新潮文庫）のような官僚統制国家の〝美化〟につながる。高度経済成長期にはこの官僚主導体制の諸問題は表面化することはなく、むしろ日本独自の成功モデルとしてもてはやされた。確かにそれは一面の真実だったであろう。日本の官僚主導モデルは、チャルマーズ・ジョンソンという日本研究者によって研究書『通産省と日本の奇跡』（TBSブリタニカ）にまとめられ、海外でも注目を集めた。

このように、戦後も今も、「お上《かみ》」依存が続いている。それでうまくいってきたので政治家が統治能力を高めることを怠ってきた。これはいわば「経路依存症（path dependency）」というべきものである。この経路依存（国の仕組みや制度の発展が歴史的な偶然や過去の政策的介入によって決定される事態）が始まったのは、明治憲法によって官僚主導の政治体制が規定されたときである。

この経路依存症を治癒するためには抜本的な政治制度の改革が必要である。これが、小沢一郎の長年の主張であった。そのために小沢は貪欲にカネを集め、人材を集め、すべてのリソースをこの目的のために〝投資〟してきた。

それでは日本は民主国家であろうか。岡孝の指導教官であり、オックスフォード大学で日本政治学を教えるジョン・ストックウィン教授は、近代民主国家の条件として以下の四つを挙げている。それは、「統治者が統治される側に対する説明責任《アカウンタビリティ》を果たしていること」「言論・表現の自由があること」「支配体制が法によって定められていること」「法の支配とその司法システムが受け入れられていること」であるという。一応、日本はいずれも制度上は備えている。ただし、ストックウィン教授は、2009年までの日本には「複数政党による交代可能な政権交代」が存在しなかったとしている。これは民主国家の基盤を強固にするための条件だが、それを小沢一郎が可能にした。

小沢は、日本が他の国と異なる「例外国家《エクセプショナル・ステート》」であることを許さないが、それは現実には、今の日本が他の欧米近代国家と異なるエートス（特性・特徴）で動いていることを暗に認めている、ということでもある。日本の政治は官僚政治とアメリカとで動いている。政治家は官僚の〝小道具〟である。

ただし、日本において、名目上の実力者が真の実力者によって操られているというのは明治以前からの常態であった。それを体現していたのが律令制度であり、律令制度を支配する朝廷、藤原氏の支配体制と戦って敗れ去ったのが、「朝敵《ちょうてき》」とされた阿弖流為《アテルイ》である。小沢があえて阿弖流為の末裔を自称するのには、やはり深い意味があったのである。

ここに来て、小沢一郎の掲げる「個人の自立」という近代市民革命を成し遂げるためには、日本に紀元701年から存在する律令国家体制の検証を行わなければならないことがいよいよ明らかになった。

天皇の代理人・藤原不比等が遺した「政治秩序」

小沢は日本における革命的リーダーに3人の名を挙げている。天智天皇、次に織田信長、そして、小沢がとりわけ敬愛する大久保利通である。小沢はよく西郷隆盛に擬せられるが、実は大久保や、明治国家体制を陰で支えた小松帯刀《こまつたてわき》らの志士たちを好む。小沢が挙げた3人のうち、律令国家体制に絡むのは、天智天皇である。またの名を皇太子・中大兄皇子《なかのおおえのおうじ》という。中大兄皇子が645年、中《なか》臣鎌足《とみのかまたり》とともに、豪族の連合体であった大和朝廷を天皇親政に替える「大化の改新」を成し遂げたことは誰もが知っているだろう。

ところが、やがて日本の政治は天皇親政ではなく、藤原北家に代表される藤原氏による摂関政治の体制をとっていく。さらには武家の社会となっていくが、鎌倉から江戸末期まで、律令は連綿と生きながらえた。そして明治維新を迎え、明治憲法の制定になっている。

天智天皇のパートナーだった中臣鎌足は、大化の改新で、政治的なライバルだった逆賊・蘇我氏を滅ぼした。蘇我入鹿《そがのいるか》殺害を実行した鎌足はその後、「姓」を「藤原」とする。藤原鎌足の息子が藤原不比等《ふひと》であり、この不比等が701年に大陸の大国・唐から輸入した律令を改変して「大宝律令」を制定し、さらにこれを改良して「養老律令」を制定した。こうして日本における律令制度が確立した。以来、明治期に大日本帝国憲法が施行されるまで、日本は律令国家体制のままであった。そして、今もエートスとしての律令体制はそのまま残存し、日本のデモクラシー体制とハレーションを起こしている。

これから先は、律令とは何か、その核心について述べる。

律令とは、古くは8世紀の奈良・平安時代に中国から輸入された政治制度である。「律《りつ》」は刑法であり、「令《りょう》」は今でいう行政法に相当する。近代的な民法は明治時代にドイツから輸入されるまで日本には存在しなかった。

ただ、中国との大きな違いもある。それは、唐律令では皇帝が政治的実権を握ったのに対して、日本の大宝律令や養老律令では、実権は天皇ではなく、摂政・関白といった天皇の外戚の「高級官僚」たちが握っていた。中国での皇帝に相当する立場にあった日本の「天皇《てんのう》」の一族は、アマテラスオオミカミの建国神話に基づく「万世一系」という単一王朝の体裁をとった。しかし、実際の政治は律令官僚たちが取り仕切った。それが不比等の末裔たる、藤原北家の有力者たちである。小沢の〝先祖〟である阿弖流為は、律令体制に敗れたのであった。

では、なぜ、そのような「万世一系」の神話を必要としたのか。歴史教科書などでは「権力と権威の分離」が狙いだったとされる。しかし、そんな解説ではなんだかさっぱりわからない。

中国の歴史には、優れた皇帝が古い指導者を引きずり下ろす「易姓《えきせい》革命」や「湯武放伐論《とうぶほうばつろん》」の考え方が根づいている。

しかし、日本の場合は違う。天皇に「万世一系」という単一王朝の神話を与えられているので、易姓革命は認められないのである。そのため、一系としての天皇が連綿として続く一方で、天皇以外の勢力が裏で権力を握ることができるようになる。摂政や関白、そして征夷大将軍（幕府の歴代将軍）たちが、天皇の権威によって自分の正統性を担保して日本を統治してきた。それが日本という国家である。

だから、天皇は一カ所に固定されている北極星（北辰《ほくしん》ともいう）と言われる。北極星の天体写真を見ればわかるが、中心に光り輝く星があり、それを中心にすべての星がグルグルと回っている。

「北辰」を中心とした日本の国家権力は、不比等の末裔たる「高級官僚」が今も握る。

（上）藤原不比等
（下）北極星（北辰）と周囲の星

この構図が古くからの日本の政治秩序であった。この詳細を明らかにしたのは法制度学者の斎川眞《さいかわまこと》氏による『天皇がわかれば日本がわかる』（ちくま新書）であった。

斎川氏はこの本の中で、日本の国家体制論を明解にまとめている。日本の国家体制は古代から現代まで4段階に分けられる。それは、（1）部族社会、（2）拡大部族制＋律令制、（3）（拡大部族制＋律令制）＋（イギリス＋プロシャ型政体）、（4）［（拡大部族制＋律令制）＋（イギリス＋プロシャ型政体）］＋アメリカ型政体、この4段階である。

日本はもともと豪族による部族社会であったが、藤原不比等の律令制度導入により、（2）の段階に進んだ。さらに明治維新によって、日本はイギリスやドイツの議会制を導入したので、さらに（2）に接《つ》ぎ木《き》がされて（3）になった。そして、終戦後はここにアメリカ製の日本国憲法が入ってくるので、さらに変化している。しかし、（4）の段階にあっても、律令や部族社会の要素が消え去ったわけではない。

つまり、日本は「混合政体（ミックスト・ポリティー）」という国家体制であり、無思想・無規範という特徴を持つのである。欧米や中国のような「革命（レヴォリューション）」がない以上、日本の国家体制は過去から現在に向けて、どんどん新しい接ぎ木をしたものとならざるを得ない。

それに対して、欧米社会では中世のカトリック教会支配体制を打破すべく、近代国民国家を創り出した市民革命というものがあった。これがフリーメーソン＝イルミナティの近代市民革命であり、鳩山前首相が私淑するクーデンホフ＝カレルギー伯が基本思想をつくった欧州連合（ＥＵ）にたどり着いている。

日本ではこのようなことは、今述べた国家体制上、起こり得ない。だから、今の日本はいまだに、欧米で言えば教会の権威に相当する律令＝天皇教が隠然たる影響力を持つ。その意味では日本はまだ、プレモダン（前近代）社会なのだ。日本はハイテク技術によって近代化（モダナイゼーション）は果たしたが、政治体制の意味では「近代」ではない。

つまり、日本は「欧米近代」とは違った「別のもの」なのである。小沢一郎もまた、そのような違和感を抱いていた。だから、小沢は「明治維新の無名の若者の意思を貫徹させる」と語るのである。

小沢が会長を務める人的交流組織「ジョン万次郎の会」のシンボルである中浜万次郎《なかはままんじろう》も、そのような近代合理精神の芽生えを感じた一人だった。高知・足摺岬にある万次郎の銅像は、左手にフリーメーソンのシンボルであるコンパスと定規（三角定規）を携えているという。フリーメーソンというのは、中世の因習（ドグマ）、すなわちカトリック教会を基盤とした権威（ローマ法王）と権力（神聖ローマ皇帝）の分離体制の封建社会に意義を唱える「商工・金融業者」や「インテリ知識人」たちのことをいう。そのような〝市民〟による革命を日本は経験していない。ゆえに、日本は封建社会ではないものの、今やエートスの部分まで近代国家であるかというと疑問である。近代合理主義とはその周りのものをすべて「人間のため」という前提で加工する思想であり、これは自然と共生する「八百万《やおよろず》の神」の多神教とは異なる一神教の思想である。その思想が生み出したデモクラシーのみを、日本は戦後、アメリカ占領軍によって〝接ぎ木〟された。

さらには、欧米近代にとって重要なのは、ひとことで言えば「理性（リーズン）」である。これは物事を数量化して観察し捉えることができる人間の能力のことをいう。物事を数値化して理解するということは、突き詰めて考えると、カネ勘定の計算ができる能力、自分にとっての利益（合理性）を明確化できる能力のことに他ならない。この理性の存在を人類に対して宣言したのが、フランスのルネ・デカルトであり、イギリスのアイザック・ニュートンやフランシス・ベーコンといった学者たちである。

だから、この近代理性の考えと、律令国家体制のエートスは正面から衝突する。このことを私に教えてくれたのが、社会学者の小室直樹博士であり、その読者で、日本史や西洋史に造詣が深い私の知人であり、市井の知識人である植《うえ》田《だ》信《まこと》氏である。植田氏は律令のエートスのことを「律令理性」と呼び、近代理性のことを「自然理性」と区分している。

小室博士は、日本がドイツなどから学んで伊藤博文らが作成した「大日本帝国憲法」は近代憲法ではない、ということを明らかにしている。それは、近代憲法とは国家指導者と国民との契約（社会契約説）であるからだ。これはイギリスの思想家、ジョン・ロックの思想である。近代社会の特徴である財産権を根拠付けたのもロックである（『日本人のための憲法原論』集英社）。

ロックは『統治二論』という書物の中で、17世紀に主流であった絶対王政を批判している。絶対王政の根拠となったのは「王権神授説《おうけんしんじゅせつ》」という理論である。「イギリス国王はアダム（注：アダムとイヴのアダム）直系の子孫であり、神から統治者としての権利を与えられている。したがって王に逆らうのは神に逆らうことだ」と強弁する王党派の理論であった。ロックは社会契約説を持ち出すことで「王様の権力を議会が牽制するのは当然のことだ」と主張した。王様が偉いのは人民との社会契約によって権力を預けられたからであり、その権力は、人民の代表である議会によって乱用が制約されるということである。これが「革命権」というものにつながり、１６８８年の名誉革命となって結実し、イギリスにおける議会制民主主義が確立するのである。

ところが、日本の大日本帝国憲法は、なんとこのイギリスで否定された王権神授説を採用しているのである。その意味で日本はイギリスよりも２００年、〝遅れている〟のである。

すでに述べたように、日本にはアメリカ型の民定憲法を採用する自由民権運動も存在した。だが、時の統治権力のトップにいた薩長らの藩閥は、あえて前近代的な憲法を選択したのである。小室直樹博士は、次のように説明する。

明治憲法では他の国の憲法に見られない、特殊な形の契約が行われた。そのことは、明治憲法発布の際に出された「告文《こうもん》」という文書に現れています。この「告文」とは、天皇が先祖である皇祖・皇宗・皇考の神霊に対する誓約書。〔中略〕すなわち、明治天皇は「この憲法を守ります」という宣言を、国民に対しなさったのではない。皇室のご先祖様に誓ったことだから守る。〔中略〕この結果、帝国憲法は天皇と人民との契約ではなく、明治天皇と神々との契約となってしまったのも事実です。そのため、日本人の意識に「憲法とは国家を縛るものである」という意識がとうとう定着しなかった。

（『日本人のための憲法原論』400ページ）

日本では明治憲法において、ロックの言う社会契約は成立していなかった。そのため日本は戦後になるまで近代憲法を持ち得なかった。今の日本国憲法は、憲法が誰と誰との契約であるかという根本的に重要な点において、従来とは根本的に違っている。

憲法を守る義務があるのは政治家であり、公務員たちである。現行の憲法は、国民と権力者の間の契約であり、権力者に対しての命令である。そのようなとても重大な変化が1947年5月3日に起きていたのである。ただ、アメリカ占領軍が日本の占領統治に旧来の官僚機構を重んじ、日本の統治機構は占領軍に対してアカウンタビリティ（説明責任）を負ったので、依然として官僚主導の律令国家体制が続いていたのも事実だ。日本の官僚機構は今なおこの占領体制を引きずっている。律令制度という認識があるかどうかはともかくとして、小沢一郎はこの憲法理論をよく理解しており、その政治的発言はそのような憲法理解に則って行われている。

すなわち、国家の主人は国民であり、政治家・立法者（ローメイカー）は、その代表として選挙で選ばれて国会で国民のための法律を作る。ここにおいて、官僚という存在は従属する立場にある。決定権を持つのは政治家、官僚はその意思に従って事務を遂行する。だから政治家がとんでもない思想の持ち主であったりすると、憲法上は官僚は反論できないわけだから、国家は崩壊の危機に瀕する。だからこそ、国民による政治家教育は極めて重要なのである。

ところが、今も接ぎ木された国家体制の中に生きている律令官僚は、それが気に食わない。出来るだけ、律令部分の裁量権を残しておこうとする。それが民主党政権の失敗につながった。政治主導確立法案に代表される「脱律令」の政策がうまくいかないのはそのためである。官僚は意地でも抵抗する。場合によっては検察を使ってでも、である。検察は律令制度において、検非違使《けびいし》と呼ばれた組織の名残である。

その他にも、日本の現在の政治体制には律令制度がそのまま残っている。国家制度の役職名称を見ても律令制度は現代に生き残っている。検察組織の地方部局のトップである検事正の「正《せい》」は、斎川氏によれば、律令の「かみ《守》・すけ《介》・じょう《掾》・さかん《目》」の役職のうち、「かみ」に相当するのだという。だから、斎川氏は「律令制度がわかれば日本がわかる」とも言っているのである。

宮内省は宮内庁に、刑部省《ぎょうぶ》は法務省にと、生まれ変わった。東京地検特捜部は非公式ながら征夷大将軍の後継組織であることはすでに私が示した。

律令制度が画策した陰謀は今年で1310年目

藤原氏に代表される律令官僚の最大の強みである「天皇の権威を頂いていること」についても、

その名残が残っている。それが「認証官《にんしょうかん》」という仕組みである。これは日本国憲法にもその規定がある。認証官の辞令を発するのは内閣の職掌だが、認証式で認証するのは天皇の国事行為である。この認証官は官職のうち、官位の高いもののみを指す。高級官僚はやたらと認証官の権威を振りかざす。

具体的には認証官には次のようなものがある。

〈国務大臣（内閣総理大臣を除く）、副大臣、内閣官房副長官、会計検査院検査官、人事院人事官、（内閣府）宮内庁長官、侍従長、公正取引委員会委員長、（法務省）検事総長、次長検事、検事長、（外務省）特命全権大使・公使（各国大使・公使のこと）、最高裁判所判事、高等裁判所裁判官〉

特捜部の捜査状況についてオフレコ発言で見通しを述べた漆間巌官房副長官が認証官である。さらに、法務省の検事総長以下、検察庁の高級幹部らが軒並み認証官である点に注目してほしい。小沢一郎を追いつめた東京地検特捜部の幹部らは皆、「天皇の官吏」であったのである。ここから先について公然と述べるのは、今も日本の国家体制の大きなタブーに触れることになる。

霞が関の官僚について、オランダ在住のジャーナリスト、カレル・ヴァン・ウォルフレンが、同様に「天皇の官吏」論を展開しているのは注目に価する。また、ウォルフレンは、1993年の『日本改造計画』が発表された当時から小沢一郎を一貫して高く評価してきた人物でもある。

ウォルフレンは、小沢一郎に対する一連の検察の捜査が始まった後に、日本の月刊誌や著書の中で小沢一郎の立場を解説し、小沢を阻むアメリカと日本の官僚をペンの力で批判した。

天皇に滅私奉公する官僚の任務とは、国家を気にかけ、適切な政策が行われているかどうかを常に確認することである。それは当時も今も変わらない。現在、もちろん天皇の地位は、1945年まで続いた政治システムにおけるものとは異なっている。しかし、無私に徹する官僚に対する利己的で強欲な政治家という構図は、今なお続いている。

（ウォルフレン『誰が小沢一郎を殺すのか』井上実訳、角川書店、47ページ）

ウォルフレンによれば、本来、検察は、同じように伝統を誇る他の官僚にもまして、「天皇の忠臣」の手本のような存在であった。そのような役割に付随する権力も実体的に与えられていた。検察がこのような権力を掌握したのは1920年代にさかのぼるという。司法制度全体を支配するに至った検察の下で、日本の裁判官はまるで付属物、検察の使用人のあつかいを受けるようになった（ウォルフレン前掲書、71ページ）。

ウォルフレンは、このような官僚機構の連合体を「非公式権力」と呼んでいる。私の言葉で言えば、それは「律令官僚」となる。ウォルフレンは1989年にも『日本権力構造の謎（エニグマ）』（早川書房）という大著で日本の社会構造を広範に分析している。しかし、先に引用した最近の小沢論では、官僚制度への批判とアメリカに対する批判に焦点を絞っている。ウォルフレンは同書の中で、小沢について、日本において百数十年の長きにわたり、「連綿と続けられてきた陰謀の犠牲者にほかならない」と言っているのが興味深い。

ここで、ウォルフレンはいわゆる「陰謀／共同謀議《コンスピラシー》」というものについて独特の理解をしている。それは「画策者なき陰謀（conspiracy without conspirators）」という彼独自の概念である。この考え方は、「ひとにぎりの人間が密かに一致協力して、仲間以外のだれも望まないような目的、すなわち陰謀を達成しようとしたものの、実際にそれを扇動した人物は特定できない、という状況を検証するときに役に立つ」（ウォルフレン前掲書、49ページ）という。要するに、今の政治権力を規定している制度的枠組みを設計した人物の名前がわからないということだ。

ウォルフレンはその陰謀の共同謀議に参加していた一人として、明治の元老、山縣有朋の名前を挙げている。しかし、私がこれまで見てきたように、それではあまりに時代が新しすぎるのである。日本を骨絡みに縛り付けているこの官僚制度＝律令制度の誕生は、明治維新ではなく、大化の改新の時なのである。

それを裏付けるように、山縣は若いころに次のような文章を長州藩主に提出している。

「中大兄皇子は中臣鎌足と謀議し、入鹿暗殺を決行されました。この故智にならい、奸賊・一橋（徳川慶喜）を殺戮し、朝廷の鴻基《こうき》を立てようではありませんか」（『日本を不幸にした藤原一族の正体』関裕二、ＰＨＰ文庫）

つまり、陰謀の画策者とウォルフレンが指摘する山縣本人が、中臣鎌足（不比等の父）にその陰謀の源流を見ているのである。明治維新が１８６８年、大化の改新が６４５年である。実に１２２

3年前の出来事だ。律令を不比等がつくってから維新の年までで1167年。『日本書紀』が書かれた時代まで遡らなければならない。

だから、これで民主党への政権交代がわずか1年で大混乱に陥っている理由がわかっただろう。律令官僚はわずか十数年の歴史しか無い民主党よりも、1167年続いている律令制度の護持を図ろうとするのである。それが彼らの自己防衛本能だ。少なくとも日本に〝革命〟を起こすには、その間の歴史の時間差を埋めなければならない。それは一度や二度の政権交代で果たせるものではなく、50年から100年はかかる大事業かもしれない。

認証官らは小沢一郎を〝格下〟の反逆とみた

現代の「検非違使」である検察の高級幹部らの認証官たちは、「天皇（北極星）」との距離の近さを競い合っている。それが露骨に明らかになったのが、2009年12月に起きた、いわゆる「習近平特例会見問題」であった。

一般に、宮内庁と外務省の間では、各国要人が天皇との会見を希望する場合には、天皇の日程調整を円滑に進める目的で、当日の1カ月前までに文書で申請するように取り決めがなされていた。これを「1カ月ルール」または「30日ルール」という。

ところが、2009年12月15日に来日した習近平《シーチンピン》・次期中国国家主席と天皇陛下の緊急のスケジユールで決まった会見問題では、従来のルールに従わず、「日本の外務省から宮内庁への申請が遅れた」（中国国内の報道）ので、手続きがもたついてしまった。

この問題は、会見予定日のわずか4日前の12月11日に、羽毛田信吾《はけたしんご》宮内庁長官が一方的に記者会見をすることで、いわば暴露されたかたちで初めてマスコミに報じられた。羽毛田長官はこのとき、「本来ならばこの会見は従来のルールに反するもので、断りたかったが、官房長官から再度の要請があったのでお受けした。しかし、こういったことは二度とあってほしくない」と述べたという。その後、天皇を政治利用したという非難が当時の鳩山総理と小沢幹事長に対して向けられ、マスコミを巻き込んでの大騒動となった。

中国側は10月には習近平の訪日を決めていたが、正確な日程を決めかねているうちに、1カ月前になってしまったらしい。この問題を一番熱心に報道した産経新聞の当時の小沢・羽毛田のやりとりを再現する。

天皇陛下と習中国副主席が会見へ／「政治利用の悪しき先例」

中国の胡錦濤国家主席の最有力後継者候補とされる習近平国家副主席の14日からの来日に合わせ、鳩山由紀夫首相は特例的に天皇陛下との会見ができるよう自ら動いた。中国政府のメンツに配慮した格好だが、「政治主導」の名のもとでの「天皇陛下の政治利用」だとの批判が出ている。

中国政府が日本側に会見を要請したのは11月下旬。外務省は希望日の1カ月前までに申請する「1カ月ルール」を理由に断ったが、首相は今週初め、平野博文官房長官に「何とかならないか」と調整を指示した。

平野氏は今月7日と10日の2度にわたって宮内庁に電話をかけ、会見実現を要請したという。その背景には、小沢一郎幹事長から首相への働きかけがあったとされる。

首相自身は11日夜、「小沢氏から指示があったわけではない」と否定したが、関係者によると、小沢氏は首相に電話で「会見はやらないとだめだ」と申し入れたという。また、陛下が前立腺がんの手術を受けられた後は厳格に運用されてきた「1カ月ルール」については、首相は11日、「ルールは存じ上げていた。しかし、杓子《しゃくし》定規でダメだということで国際親善の意味で正しいのか」と疑問を示した。

一方、宮内庁の羽毛田信吾長官は11日、「心苦しい思いで陛下にお願いした。こういったことは二度とあってはほしくないというのが私の切なる願いだ」と表明した。羽毛田氏によると、平野氏からの電話の際、羽毛田氏は「陛下の役割について非常に懸念する」とした上で、「政治的判断としてお願いするのはどうなのか」と否定的見解を示したという。また、羽毛田氏は会見で、「国の間に懸案があったら陛下を打開役にということになったら、憲法上の陛下のありようから大きく狂ってしまう」と懸念を示した。〔後略〕

（「産経新聞」２００９年12月12日）

右の記事には「天皇の政治利用」という表現がある。この「政治利用」なる語句を具体的に定義するのは難しい。ひとつの基準は憲法に違反していないかどうかである。憲法で定められた国事行為であれば政治利用には当たらないからだ。

国事行為の中には「外国の大使及び公使を接受すること」がある（第7条第9号）。小沢は、羽毛田長官の記者会見に対するコメントで、「憲法をよく読め」と記者団に言った。実際には国事行為ではなく公的行為と呼ばれるようだが、実質的には同じである。その国事行為・公的行為を内閣総理大臣である鳩山が行ったのであるから問題ない、とするのが小沢の立場である。

小沢は「国事行為は『内閣の助言と承認』で行われるのが憲法の本旨で、それを政治利用といったら陛下は何もできない」と発言した。一方で、羽毛田長官を擁護する側は「宮内庁長官は天皇から認証される認証官であるが、政党幹事長はその地位にはない」と小沢の発言を批判した。小沢は「あいつ（羽毛田長官）こそどうかしている。天皇の権威を笠《かさ》に着ている」とまで激昂《げきこう》したと報じられている。

この議論、一般の国民の目からはただの罵《ののし》り合《あ》いに見えただろう。天皇の会見ルールは天皇が2004年にがんの手術をした後に厳格適用されたものである。ただ、原則論としては内閣の助言と天皇の承認に基づいて行われる国事行為は優先されなくてはならないし、何よりもこの問題で内閣側と天皇本人が意見を交換した形跡がない。結局、この習近平との会見は25分程度だが行われた。

重要なのは、ここで羽毛田長官を擁護する側の発言の中に「認証官」という言葉が出てくることである。同じ認証官どうしがこの問題を議論したのならば、互いに「格は同じ」だと長官も認めたかもしれない。だが、たかが政党の幹事長ごときと、天皇陛下の認証官である宮内庁長官とでは、後者の方が格が上だと、小沢を批判する側は言いたかったのだろう。しかし、認証官は「格」の取り決めではない。

小沢側にも問題がないわけではない。この時点では小沢は総理ではなく幹事長であり、内閣の一員ではなかった。そう考えると、小沢にも甘い面があった。

小沢一郎の憲法解釈に意を唱えた「天皇の官吏たる認証官」、宮内庁長官。
（上）天皇と周近平の会談
（下）羽毛田信吾・宮内庁長官

しかし、この特例会見問題には〝おまけ〟が付いていた。当時の前原誠司国交大臣が、実はこの会見を申し入れたのは、自民党政権の元首相（中曽根康弘）であったことを明らかにしている。また、さらに宮内庁によれば、「1カ月ルール」が設定された1995年以降、守られなかったケースが22件もあったと後に分かった。

さらに羽毛田長官自身も、2008年には定例会見で、「皇太子夫妻が（天皇の）御所を訪問する回数が少ない」と苦言を呈する会見を開き、これが皇太子夫妻に対するバッシング報道に発展してしまった。

「天皇の官吏」からすれば小沢の態度が皇室に対して失礼なのは間違いない。だからといって、小沢の皇室観は決して「天皇」を損なうものではない。小沢は当時の岡田克也代表が7月末に臨時国会が開催されたときに訪米していて、天皇も臨席する開会式に出席しなかったことを強く批判しているほどだ（「週刊ポスト」2005年1月1・7日号）。

また、小沢は同記事で、「基本的に皇室の言動に関しては内閣が全部責任を負う」と話し、このころ問題になっていた皇太子本人が皇太子妃について「その人格とキャリアを否定する動きがあった」とメディアを通して会見した件を、「天皇陛下も皇太子もなにかあるならまず内閣に対して言わなければならない」として、皇太子会見について疑問を呈している。総理大臣が責任をとって内閣総辞職だとまで語気を強めている。

要するに、立憲君主制のもとでは、天皇は内閣の意を受けて行動しなければならないということであり、それに反することは本来あり得ないというのが小沢の天皇に関する考えの中心を占めている。しかし、昭和天皇は終戦の詔勅《しょうちょく》（玉音放送）の際、あえてその筋道に反する行動をとった。これについては、「大きな国の命運と国民の状況を考えた、素晴らしい決断だった」と小沢は感想を述べている。ちなみに、現行憲法下では詔勅は存在せず、公務における記者会見以外には、「お言葉」があるだけである。したがって、東日本大震災後の3月16日に発せられた天皇陛下のメッセージも「お言葉」のひとつである。

このように、この特例会見問題を通じてはからずも、認証官と呼ばれる官僚たちが自分たちをどのような存在だと認識しているのかがわかってきた。

さらにもうひとつ、面白いことがあった。２０１０年の12月1日のことである。この日、「日本の議会開設１２０年記念式典」が開かれた。このとき、関連して天皇陛下が、法務大臣や、認証官の大林宏検事総長、小沢捜査のリーダーだったとも言われた伊藤鉄男次長検事、各地の高検検事長ら計13人と、皇居で会食する席を設けられた。このときの法務大臣は小沢の仇敵《きゅうてき》の仙谷由人官房長官。少し前に前任の法相が検察捜査に関する失言が原因で辞任した、その後任が見つかるまで、弁護士でもある仙谷が兼務していたのである。反小沢の法務大臣を筆頭に、検察幹部らがズラリと並ぶ姿はなかなかインパクトがあった。

なぜわざわざ、陛下が検察幹部を招かれたのかはわからないが、このころはすでに大阪地検特捜部の主任検事の証拠改竄《かいざん》事件など検察の捜査に批判が高まっていたこともあって、そういった世情が関係していたのかも知れない。「天皇の官吏」たちも、さすがに天皇陛下の前では恐縮するしかなかっただろう。

「北辰会」という新名称が暗示する小沢グループの深層意識

この議会開設120年記念式典の直前にあたる2010年11月25日、小沢を支持する衆議院1回生議員でつくる「一新会倶楽部」はその名称を変更した。新しい名前は「北辰会《ほくしんかい》」であった。

読売新聞の報道によれば、「一新会倶楽部」は約70人が所属、明確な入会手続きなどがなく、小沢と距離を置く議員もいたが、北辰会は「明確な小沢氏支持派の結束強化」を目指したのだという。小沢を最高顧問に迎え、人数も絞り込み、他グループと同じ毎週木曜昼に定例会を設定した。なんということのない勉強会だが、名称を見て、やはり私は、小沢一郎の支持者たちは「律令」を大いに意識しているのだな、と感じざるを得なかった。

「北辰」というのは先にも述べたように北極星のことである。なぜ北極星を会の名称に採用したのかについては、「小沢氏を軸にするという意味を込めた」として結束力の強さを示すもの、と記事には書かれている。だが、すでに見た通り、日本の律令制度というのは、天皇という北極星を中心に、星たち（すなわち官僚であり人民）がグルグルと回るというイメージである。ここで小沢＝北辰ということにしてしまうと、見方によっては、「易姓革命」によって、小沢を中心とした政治家たちが、既存の律令制度を突き崩すという革命宣言のようにも思えてしまう。

すでに小沢はこの年の9月14日の民主党代表選挙で、菅直人と戦って敗れている。また、北辰会立ち上げと同じ11月25日には、代表選当日に議決されたという陸山会事件に関する起訴・不起訴を決める東京第5検察審査会の議決（起訴相当、強制起訴の議決）の執行停止を求めた特別抗告が裁判所によって棄却されたことが報じられた。陸山会事件は単純に収支報告書の記載時期がずれたものであり、単なる形式ミスである。本来これほど大きく騒がれるべきものではない。

検察でさえ証拠が固められずに起訴できなかったこの事件は、どの省庁が所管するのかも法的に判然としない「検察審査会」が集めた匿名の11人の〝市民〟によって起訴されることになった。匿名の審査員の選定も実にいい加減であり、その審査員に判断材料を与える検事や審査補助員の制度にも問題があった。まともな議事録も公開されず、裁判員裁判のように裁判員の記者会見も開かれない不思議な組織が検察審査会なのである。

律令制は１２００年もの間、この日本に通奏低音として存在し続けてきた。日本における天皇の万世一系の神話は〝建国神話〟であるから、これが日本という国家の土台になっていることは間違いない。しかし、その悪い部分だけを今の霞が関は引き継いでいると私は考える。小沢側も律令官僚側も阿弖流為《アテルイ》以来続く「怨念の歴史」に終止符を打ち、近代市民社会に出来るだけ近い形で新しい日本の国家体制を創り上げていくことが必要だろう。

民主党に政権交代したこと自体は誤りではなかったであろう。ところが、阿弖流為以来、反骨の精神を持つ奥州の地に登場した制度革命家・小沢一郎の内部では、時に、近代理性の頭脳とハートの中にある土着民、日本土人としての心根がぶつかり合い、不協和音を起こすことがある。その際に小沢は「傲慢」と非難され、この二つのバランスが適切に保たれたときに「豪腕」と評価される。

ともあれ、日本国民の精神革命は今まさに始まったばかりである。欧米社会の政治システムを200年遅れで輸入している日本だが、内なる「律令理性」と外なる「自然理性」の相互認識を経るという段階を経験することで、また新しい一歩を踏み出そうとしている。

日本の政治家には小沢一郎や鳩山一郎、田中角栄のような党人派、岡田克也、吉田茂、宮沢喜一のような官僚出身者が議員になる官僚派の流れの他に、松下政経塾のような政治家養成塾からいきなり政治家に転身するタイプ、そして菅直人首相らが代表する市民派グループがある。

最後の章では、これらの様々な政治家たちが次世代の日本の政治をどのように切り開いていくのか、あるいは切り開くことができず、やはり官僚主導のまま、今の「日本再占領」を継続させるのか。大震災後の政治情勢を踏まえて簡潔に論じていきたい。

第5章

〈ポピュリズム現象〉としての民主党代表選と大震災後の日本

「小沢包囲網」に追いつめられた末の代表選出馬

これまで、民主党への政権交代実現後の普天間返還交渉の失敗と、官僚主導政治の打破への試みが道半ばで頓挫《とんざ》していることについて、そのキーマンである鳩山由紀夫、小沢一郎の行動や思想を分析することで検証してきた。この結果、民主党政権の〝失敗〟には、日本の官僚機構が、1200年以上の歴史を持つ「律令制度」を守りぬくために、なりふり構わぬ動きに出ていたことが確認できた。今日の政治の混迷はひとえに、この「政と官の死闘」が常に官の勝利に終わってきたことにより、憲法に規定された政治家がその本来の役割を果たせなくなっていることに原因がある。

その律令制を変える震災前の最後のチャンスだったのが、2010年の民主党代表選挙だっただろう。このとき初めて小沢一郎は、自らの意志で、新しい日本の「総理大臣」になるためだけの目的で政治闘争を行った。ライバルは、時の総理大臣であった菅直人である。大震災発生の7カ月前の出来事である。

本章では、その小沢の挑戦がどのように打ち負かされていったのか、味方であったはずの鳩山前首相の「裏切り」も含めて検証する。民主党代表選によって小沢の政治的なメッセージがますます明確になりはしたが、結果として日本の政治はさらに混迷を深めていった。政治家はますます党派対立を深め、官僚機構に太刀打ちできなくなっていく。

2010年9月4日。まだ夏の暑さが残るなか、新宿駅西口には大勢の聴衆が集まっていた。9月1日にスタートした民主党代表選の、初の街頭立会演説会が行われることになっていたのだ。立候補したのは、菅直人首相と小沢一郎元代表。2003年に誕生した今の民主党の創業者たちが激突することとなった。

菅直人と小沢一郎が激突した代表選、聴衆の支持は小沢が圧倒していたのだが……

東京・新宿で開催された民主党代表選の立合演説会

この6月2日に「政治とカネ」(政治資金)の問題で、秘書が有罪判決(執行猶予付き)を受けていた鳩山由紀夫首相が基地問題の行き詰まりを理由に辞任。5月末に鳩山に抱きつかれる形で、小沢一郎自身も政治資金の問題を抱える政治家として、党の幹事長の辞任を余儀なくされた。「鳩山の抱きつき辞任」事件である。これで新代表選が急遽行われることになった。

民主党新代表には、菅直人財務大臣が選ばれた。しかし、これは鳩山代表の残余の任期をまっとうするだけのためのもの。その鳩山も、小沢前代表の後継者として残余任期を引き継いでいた。8月末までの代表の任期を務めるための代表選が行われたのだった。

6月の代表選は、菅が若手の樽床伸二を破って当選。官房長官には、前原誠司のグループに属する仙谷由人・行政刷新担当大臣が就任。前原を外務大臣、「7奉行」の一人の野田佳彦を財務大臣とする菅内閣がこうして発足した。

菅内閣は就任直後から脱小沢路線を突っ走った。その象徴として掲げられたのは「財政再建」というキーワードである。6月8日に成立した菅政権は「強い経済・財政・社会保障」という財政再建路線を採用。財務大臣だった菅が在任中に財務官僚に取り込まれてしまったことは明らかだった。消費増税について「逆立ちしても鼻血が出ないほど完全に無駄をなくしてから」と威勢のよかった菅は見る影もなかった。鳩山内閣で決めた「国政運営を官僚主導・官僚依存から、政治主導・国民主導に刷新する」との基本方針までも変更(閣議決定)された。普天間移設も日米合意を尊重することとなった。

菅首相は6月21日の記者会見で消費税率の引き上げについて「野党・自民党が提案した税率10％を参考にする」と具体的に5％アップに言及。これが、7月上旬の「参議院選の主要公約である」とまで明言した。増税論議を参院選で争点として仕掛けた例はこれまでもある。しかし、大平正芳、中曽根康弘、竹下登、そして橋本龍太郎と、消費税（売上税）を選挙の前に言う政治家はいずれも負ける運命にある。参院選で菅首相が増税を選挙公約にしたことで、民主党は7月11日の参院選で大敗を喫した。

政権交代後、初の大型選挙となるこの選挙で、民主党と国民新党を合わせても与党が過半数を割ることが確定。与野党の「ねじれ国会」の構造が残り、民主党は衆院では多数だが参院では少数という状況になった。これで法案がスムーズに通らなくなり、与野党の足の引っ張り合いが起きる。これこそが、増税論議を参院選の争点にするように世論の誘導を仕掛けた財務官僚の狙いだったのだろう。

数日後の7月15日、小沢一郎の資金管理団体の政治資金規正法違反事件で、東京第一検察審査会は「不起訴不当」の決定を出した。これで参院選大敗を菅首相の政治責任問題として追及する勢いが鈍った。検察審査会は、検察が捜査しても起訴できなかった事件を市民の視点で判断する。実は検察審査会もまた、占領時における米国との妥協の産物として生まれた機関である。一方で菅は8月に入ると、自民党の谷垣禎一総裁に審議協力を要請し、国会の膠着《こうちゃく》状態の打開を図り始めた。

ところが、菅政権が発足時に打ち出した「官僚依存」の復活や自民党への接近に、小沢一郎を支持するグループの間では強い不満が溜まっていた。党の常任幹事会では小沢側近の松木謙公《まつきけんこう》議員が「地元でどういうことかと問いただされた」と菅執行部を突き上げる。

また、菅の消費税発言による参院選敗北の責任を問うために、衆議院議員一年生による集会が開かれた。ここでは「鳩山代表・小沢幹事長時代のマニフェストに回帰すべきだ」と、菅に対する批判が噴出した。

そんなさなかのお盆明けの19日、鳩山前首相が自分が所有する長野県軽井沢の別荘で、「鳩山友愛セミナー」という研修会を開くことになった。会には、小沢前幹事長や輿石東《こしいしあずま》参院議員会長も招待された。菅が同じく軽井沢で休養をとった直後に開催されたこの研修会には160人もの国会議員が集まった。党の所属国会議員が全部で411人だから実に38％の出席であった。小沢、輿石だけではなく、鳩山政権の首脳だった平野博文官房長官や松野頼久・松井孝治官房副長官も出席していた。研修会の最後に開かれたガーデンパーティでは参加者が気勢を上げ、さながら「反菅総決起集会」の様相となる。だが、前日の18日には、鳩山と菅は都内で会談していた。

この動きに危機感を抱いた菅首相側は、前原・野田のグループによる合同選挙対策本部を設置。菅首相は新人議員との対話集会を行い、締め付けを強めた。一方の反菅陣営は小沢本人に代表選挙出馬を要請。鳩山が口火を切る形での小沢擁立作戦が始まった。

私はこのとき、「小沢一郎が代表選に出ることはない。出るわけがない。自身が秘書を政治資金の問題で人質に取られるなかで決戦に打って出れば、当然メディアを通じた集中砲火を浴びる。そんなことをせず、小沢はゲリラ戦で自分にとってのチャンスが巡ってくるのを待つ」と思っていた。

ところが、小沢への期待感が高まるなかで、突然、期待値を上げていた鳩山が「現時点では菅さんに頑張ってもらいたい」（「日本経済新聞」8月25日）と梯子を外しにかかる。後で小沢一郎が代表選の中盤の集会で、「鳩山さんの後押しがあって代表選出馬を決めた」（「週刊現代」9月25日号）と語るように、小沢出馬には鳩山グループ50人の数の力が極めて重要だった。

鳩山は、自分で「小沢待望論」に火をつけておいて、いざとなると菅首相と小沢を両天秤にかけて寝返る。鳩山は小沢に接近する一方で、菅総理の特使としてロシアに向かっていた。私は鳩山の

さながら「反菅総決起集会」の様相を呈した2010年夏、軽井沢の鳩山別荘。

長野・軽井沢の鳩山別荘で催された「鳩山友愛セミナー」

行動を見て、ここでは鳩山の人格に問題ありと判断せざるを得ない。

ところが、鳩山が梯子を外したこの段階では、もはや小沢一郎の支持グループの議員の中では「小沢さんと心中します」「ひれ伏してでも小沢さんに出てもらう」という声が止まらなくなっていた。小沢は自身の政治的影響力を維持するためにも代表選に出ないわけにはいかなくなった。いつの間にか自分が包囲されていた。追いつめられた小沢は26日に出馬表明せざるを得なくなる。

小沢は明治維新の立役者の中では、西郷隆盛よりも大久保利通が好きである。どちらも非業《ひごう》の死を遂げているが、西郷のように自分の子分のために負ける戦争（西南戦争）を戦いたくはない、ということらしい。

前にも書いたが、小沢一郎は自分の政治家としての目標として、「総理大臣になる」ということは大して重要視していない。そうではなくて小沢は「制度革命家」であり、国家の枠組みを見直すことで国民主権の議会制デモクラシーを根付かせて、旧来の律令制度の弊害を封じ込めるという考えを持っている。その目的に応じて自分の行動を決めていく。政治家である以前に〝革命家〟である。だから、あくまで〝政治家（政治屋）〟である周りの人間からは嫌われる。

ここで代表選出馬に当たって、小沢は自分の目的に照らして、代表選出馬が無駄ではないと判断したはずである。マスコミの集中砲火を浴びるとしても、候補者として自分が従来から訴えてきた政策、理念をアピールすれば、代表選挙の模様はテレビだけではなくインターネットでも中継されるから、国民の中にはきっと気づいてくれる人が少なからずいると判断したのだろう。

そのようにして民主党代表選が始まり、都内での初の街頭演説会が新宿で開催されたのである。

「国民の政治が第一」こそが真の意味のポピュリズム

2010年9月4日の炎天下の代表選立会演説会には、約3500人の聴衆が集まった。新宿西口駅前広場には小沢を褒め殺しする右翼の街宣車から、買い物客まで多数の聴衆が詰めかけた。菅、小沢陣営がそれぞれに動員をかけていたようだが、なかには小沢の熱狂的な支持層も少なからず混じっていた。

この人たちはインターネットやツイッターを通じて開催を知り、演説を聞くために訪れた人たちだ。民主党が政権交代を成し遂げた衆院選では、その代表は鳩山に交代していた。だから、都心のど真ん中で小沢一郎が大勢の聴衆を前に演説するのはこれが初めてだった。普段、小沢は地方行脚《あんぎゃ》を繰り返し、少数の聴衆を前に演説する。それが岩手県選出の政治家である小沢のスタイルだ。

小沢は、持論の官僚主導政治の打破と「国民の生活が第一」を主張。菅直人は演説会場に訪れる前に自分の師匠である市川房枝の記念館を訪問し、「政官財の癒着を忘れずに頑張りぬく」と遺影に報告したとし、「日本を元気にする薬を発明した」と余裕の表情で応じた。この時点で代表選の勝利を確信していたようだ。

2人の候補者が立つ選挙カーの前に、報道機関の取材カメラがズラッと並ぶ。「小沢総理実現！」

と書かれた自作のうちわを持つ中年の女性もいる。小沢一郎がマイクを持つと、広場一帯から「オザワコール」がどこからともなく沸き起こる。官僚主導政治に対する国民の形容しがたい怒りが、この掛け声に託されているようにも聞こえた。小泉総理も大衆の心をガッチリとつかんだと言われるが、聴衆が一丸になってコールをするということはなかった。

私はこの光景を見て、「なるほど、これがポピュリズム」というものなのか、とそのとき思った。ポピュリズムという言葉は日本では極めて誤解されて使用されている。何かの危険思想であるかのようにメディアでは宣伝されており、単なる悪しき「大衆迎合主義」の一種か何かだと思われているようだ。だが、実際は小沢・鳩山時代の民主党のスローガン「国民の生活が第一」こそがほんとうの意味でのポピュリズムである。日本では意図的に本来の意味が歪《ゆが》められて使われているのである。

試しに、英語辞典の権威である「オックスフォード英語辞典」を引いてみる。すると、私の手持ちの辞書には次のような意味が載っている。

---

populism noun ［U］ a type of politics that claims to represent the opinions and wishes of ordinary people（訳：普通の人々の意見や願望を代弁すると主張する政治手法のこと）

（出典：Oxford advanced learners' dictionary）

このように、ポピュリズムには何ら「大衆迎合政治」という意味は本来存在しない。ただ、これだけではわからないので、もう少しこの言葉の歴史的背景について掘り下げる必要がある。そこでさらに「American Politics」という、一般市民の政治啓蒙を目的にアメリカ・テキサス大学が開設したウェブサイトから引用する。

---

populism

政治イデオロギー、信条の一つ。政府の役割は一般人、労働者、農民の代理人であると強調し、富と権力の集中に対抗する。歴史的に米国では、「ポピュリスト」とは、大衆の支持を得ている政治運動のことであり、同時にエリートよりも一般大衆の利益のために活動するものと理解されている。

(http://www.laits.utexas.edu/gov310/IPOM/glossary.html)

この説明でわかるように、ポピュリズムとは、一般大衆による反エリート政治運動のことである。アメリカでは19世紀後半以降、ニューヨークやワシントンDCに富と権力が集中し、巨大な資本が政治経済プロセスに影響を与えていくなかで、自分たちの利益がないがしろにされたと感じる一般大衆(労働者、中小企業経営者、農民)が増えていった。

いわばそのような「サイレント・マジョリティ」の利益を代弁するスタンスとしてポピュリズム

（人民主義）が出現してきた。ポピュリズムは個人の権利を何よりも重視する保守派のポピュリズムもあれば、富の不平等を是正するという意味でのリベラルのポピュリズムも存在するが、基本線として、アメリカのワシントンやニューヨークなど大都市で財閥の利害を代弁する「東部エスタブリッシュメント」のエリート主義に反対するという点で共通している。

最近では、アメリカで話題となっている「ティーパーティー（茶会党）運動」が典型的なポピュリズム運動だ。民主党にも共和党にも属さないが草の根の保守を代弁する、反ワシントン特権階級運動である。茶会党の運動は「官僚が余計な規制を作って個人の生活に介入するな」と主張している。極めて急進的な自由主義の運動である。小沢の掲げるマニフェストは1993年の『日本改造計画』の時にはまさに目指す方向はこの自由主義だった。今では反グローバリズム的、社会民主主義的になっているが、小沢の原点はそこにある。

なぜ、ポピュリズムという言葉が誤解されて日本で伝わっているかというと、アメリカの政治的伝統を一面的にしか理解しないメディアや知識人が、海の向こうのメディアで使われている言葉を輸入してそのまま広めているからである。

ポピュリズムという言葉を日本でいち早く流行させたのは、2000年に『ポピュリズム批判』というエッセー集を出した、読売新聞の渡邉恒雄である。彼は、小泉構造改革（とりわけ郵政民営化）に批判的だった。小泉の劇場型政治手法をポピュリズム（大衆迎合主義）と呼び、何度となく読売の社説で批判した。渡邉の盟友である中曽根も同じ意味でポピュリズムを批判している。彼らの使い方は、アメリカの「エリートの側がポピュリストに対してどういう不快感を抱いているか」という視点によるものであり、実に一面的である。

評論家の副島隆彦はポピュリズムの正しい使い方を初めて日本で紹介した一人である。彼は次のように説明している。

ポピュリズムとは、歴史上時々、突如アメリカの民衆の中に嵐のように湧き起こる、ワシントン連邦政府やニューヨークの財界人たちに対する民衆の怒りの声のことである。「腐敗した官僚や財界人たちがわれわれ民衆の意思を無視している」と感じて、自分たちの真の代表をワシントンに送り込もうとする。〔中略〕このポピュリズムが湧き立つと、アメリカの政治権力や財力を握りしめている支配層の人々はゾッとする。

ポピュリズムとは、主に保守派の〝草の根〟大衆が叛乱を起こして暴れ出す「政治不信」のことであって、決して、左翼インテリやリベラル派の連中の政治運動のことではない。

（『日本の危機の本質』副島隆彦、講談社、283ページ）

このように、ポピュリズムとは、広い意味では「反ワシントン」の運動である。その意味で、ジャパン・ハンドラーズの一人であるマイケル・グリーン（CSIS日本部長）が、小沢一郎の代表選出馬に際して次のように答えた使い方は学問的にも非常に正しい。

――米政府は小沢氏を警戒しているようです。

グリーン「小沢氏の反米的な発言は日米関係にダメージを与えてきた。反米ポピュリズムを繰り返せば、日米関係を少しずつむしばむ傷になっていくだろう」

(「日本経済新聞」2010年9月5日)

これが、ワシントンのジャパン・ハンドラーズが抱く小沢に対する恐れを、一番強く、的確に表現していると思う。ポピュリスト小沢はどうしても叩きつぶさなければならない存在だった。小沢はアメリカに対する属国の反乱指導者になり得る。それを恐れたのだ。

小沢は代表選の投票日となった9月14日、次のように「最後の訴え」をしている。

◆小沢氏

昨年来、私自身にかかわることで、同志の皆さまはじめ、国民にご心配とご迷惑をおかけした。この機会に、心からおわび申しあげる。

立候補を決意したのは、いま政治を変えなければもう間に合わないという私の切実な思いを世に問いかけたかったからだ。

私は27歳で衆院選に初めて立候補した際、選挙公報にこうつづった。このままでは日本の行く末は暗澹《あんたん》たるものになる。まず官僚政治を打破し、政策決定を政治家の手に取り戻さなければならない。若かりしころの思いは初当選以来、今なお変わっていない。

霞が関に集中する権限も財源も地方に解き放ち、国民の手に取り戻さなければならない。そのため、国の補助金を地方への一括交付金にかえる。国民に負担をお願いするのは、できることすべてに取り組んでからでいいはずだ。

こうした訴えも、私にとっては最後の機会になるかもしれない。自らの政治生命の総決算として、最後のご奉公をする決意だ。日本を官僚の国から国民の国へと立て直し、次の世代にたいまつを引き継ぎたい。そのために私は政治生命はおろか、自らの一命をかけ、全力で頑張る決意だ。

（傍線引用者）

私はこの小沢の演説の中で、「私にとっては最後の機会」という部分と、「次の世代にたいまつを引き継ぎたい」の二つの部分が非常に印象に残った。小沢は自分の運命を自覚している。やはり総理大臣になることよりも制度改革の方が重要なのだ。

自分の主張を訴える機会を得た小沢は実に饒舌《じょうぜつ》である。政治思想家・小沢一郎の真髄が現れていた。小沢自身、この代表選の最中に出演したテレビや新聞のインタビューで「龍馬を育てたのも、西郷や大久保を動かしたのも小松帯刀《こまつたてわき》だ」と語り、また、「今の1期生、2期生、3期生。ここの中から次の世代のリーダーを育てたいと思っています」(『日刊ゲンダイ』2010年9月8日号)とも答えている。

しかし、現実は非情だ。代表選当日の9月14日、東京第5検察審査会が小沢一郎に対し、第2回目の「起訴議決」を行っていた。狙いを定めたようなタイミングに小沢を追いつめる律令司法官僚たちの意図が垣間見える。その背後では、マイケル・グリーンに代表されるアメリカのジャパン・ハンドラーズたちが「ポピュリスト・オザワを潰せ」とメッセージを発していた。そして、代表選と検察審査会の議決の翌日、あたかも見計らったように、アメリカのアーミテージ元国務副長官が首相官邸に仙谷由人官房長官を訪問した。

「ポピュリスト・オザワを潰せ」を実行した検察審査会の匿名11人の市民

小沢排除で注目を集めた検察審査会もまた、アメリカが、前回日本を占領したときの産物である。『週刊朝日』(2010年10月22日号)は司法ジャーナリストの魚住昭の解説を載せている。それによれば、検察審査会は、独占的に容疑者の起訴、不起訴を決める権限を持つ検察の恣意的な判断をチェックする目的で、戦後間もない1948年に生まれたという。

日本の民主化を進めた連合国軍総司令部(GHQ)内には検察の民主化に向けて、市民が訴追するかどうかを決める大陪審（起訴陪審）と検事公選制を導入すべきだという意見が強かったが、日本の司法省（当時）が巻き返し、検察審査会制度の新設などと引き換えに逃れた。これが検審の出生の秘密である。重要なのは、このしくみは律令制度の一部を担った司法省（昔の律令制度における弾正台《だんじょうだい》）が占領軍と交渉した結果、生まれたということである。

ただ、検察審査会は、最近までは世間の注目をあびることはなかった。注目を集めたのは、二度連続で起訴議決をうけると強制的に起訴となる制度（「検審起訴」とか「強制起訴」とか言う）が法改正で導入された２００９年5月以降である。まず最初にこの検審起訴制度が適用された大きな事件は、２００1年に起きた明石花火大会歩道橋事故という群衆の圧死事故である。書類送検されながら不起訴になった明石警察署の副署長について起訴が決まった。他に列車脱線事故でもこの検審起訴が行われたが、政治資金規正法で適用されるのは初めてである。

小沢を告発したのは新聞記者らで結成する素性のよく分からない、保守を名乗る「市民団体」であった。利害関係者ではない者が特定の者を政治的意図で訴追するために、検察審査会制度は悪用され得るのである。しかも、9月14日の議決に関わったとされる11人の審査員の平均年齢は30・9歳。審査員の氏名が伏せられており、記者会見もなく、議決の詳細な議事録も公表されなかったために「幽霊審査員」がいたのではないかとか、恣意的に若い審査員を選び出して、審査の結果を誘導したのではないかという疑いも浮上した。実際に審議がどのようなものだったかは全くわからないが、民主党の代表選同様に、既得権益の強い意思を感じる。

実は、本家のアメリカでもそうだが、ポピュリズム運動が最終的にエスタブリッシュメントに勝利をおさめることはない。これは鉄則である。仮にポピュリズム運動のリーダーが権力の座を狙うと、そのときは必ず暗殺とか政治的スキャンダルとかが仕掛けられる。アメリカの代表的なポピュリストであったヒューイ・ロングというルイジアナ州選出の下院議員がいる。日本で言えば田中角栄のような政治家だが、フランクリン・ルーズヴェルト大統領に挑戦しようとした途端に暗殺されている。わかり易い例でいえば、ケネディ大統領や、「私には夢がある」と演説したキング牧師もそうだ。必ずどこかから「素性不明」の〝銃弾〟が飛んで来るのだ。

小沢にとっても、そのような危険性を孕《はら》むポピュリズム運動の旗手となるのはかなり重大な決断だっただろう。小沢はもともと左右の過激な熱狂主義を嫌う政治家である。彼の本質は冷徹な理論家であり、政治思想家であり、その政治理念の実現のために政治活動を行う。その点で小沢は、本質的に、大衆に愛された人情味のあるポピュリスト政治家だった田中角栄とは毛色も違う。

それどころか、『政権奪取論』（朝日新聞社）の中で小沢は、「僕は人前でしゃべるのが嫌いなんです」（161ページ）とまで語っている。だから、小沢と角栄は似ているようで全く違う。しかし、その政治的な運命は今のところ同じルートをたどっている。小沢は大衆の怒りに乗るという意味でのポピュリズムに頼らず、自由党時代から国会議員の本分である立法活動、制度改革を通じて、日本国家体制の変革を目指してきた。代表選のときにインターネットなどに出演を繰り返したのは、自分の政治理念をノーカットで放送してもらえるからだ。菅直人はその辺をしっかり観察していて、

「小沢さんはディベートには向かないが、単独のインタビューに答えるときに非常に説得力がある」（『菅直人／市民運動から政治家へ』２０８ページ）と語っている。

だから、小沢は自分が代表選で負けた後は、自分の従来のやり方、すなわち演説の力で「国民一人びとりの〝自立〟を促す」という地道な説得をインターネットを通じて続けることを決意したのだろう。検審の議決が出ても小沢はインターネットの番組やフリージャーナリストでつくる団体の主催する記者会見に足を運ぶようになった。

小沢は、そのうちのひとつの「自由報道協会」という団体主催の記者会見に呼ばれた際に、「今の日本を立て直すためにどういった政策が必要なのか」と問われて、次のように語っている。

小沢　個別政策うんぬんというより、さらにその背景にある、どうしたら良いかということだと思いますが、基本的にはやっぱり自立した日本人、日本人自身が自ら自立した個人にならないと、この問題は解決しないだろうと思っております。国家や社会は自立した個人のその意思によって、いろいろ活動する、それができるかぎり自由に、できるかぎり個人の活動をエンカレッジするサポートする、そういう仕組みを基本的につくってやるというのが、社会や国家の仕事だろうと思っております。ただ、あくまでも自立した個人というのが前提にないと、それは成り立たない。

（「自由報道協会記者会見」２０１１年2月10日）

つまり、小沢が国民に求めるのはまず第一に「自立した個人であれ」ということだ。その意味では小沢は、「オザワ待望論」を街頭デモで訴える〝他力本願〟の支持層たちをも乗り越えている。ここで小沢は、無数の個人に呼びかけていた。そのメッセージは「僕に頼るのではなく、自分たち一人ひとりが出来ることをやりなさい」というものだったろう。

そして、その「個人の自立」は、この記者会見からちょうど1カ月後の3月11日に起きた「東日本大震災」によって試されることになる。

大震災が日本の「統治能力の真空」を直撃した

その日は、まだ肌寒く、朝から曇り空であった。自室で原稿を書いていた私は、午後2時46分から非常に長時間にわたる横揺れを感じた。幸いにして棚からモノが落ちてくることもなかったので、外の駐車場に少し避難したあと、自室に戻った。ところが数十分後、テレビの画面は、巨大な生き物の姿をした「津波」が仙台空港やその周辺を襲う、信じられないような光景を映し出していた。1000年に一度の想定外の大地震と大津波、それに続く原発メルトダウンが、日本の状況を全く変えてしまった。

この日の朝日新聞は一面トップで、菅首相の外国人献金問題をでかでかと報じている。菅の資金管理団体「草志会」が２００６年と09年に計１０４万円の献金を在日韓国人系金融機関の理事から受けていた、と紙面は伝えていた。
すでに3月に入ってから、アメリカの「お気に入り政治家」であった前原誠司外相が、朝鮮籍の在日外国人の焼肉店の経営者から小額の政治献金を受け取っていたことが明らかになっていた。その他にも、野田佳彦財務大臣や蓮舫行政刷新担当大臣の政治資金問題を産経新聞が取り上げており、

かつてない震度に動揺する菅政権の閣僚たち、その後の迷走を暗示するような……

参院決算委員会の閣僚席（２０１１年3月11日午後2時46分の直後）

まさに菅政権は崩壊の瀬戸際にあった。このまま何も起きなければ、3月11日に菅政権は崩壊していたと言われる。皮肉なことに、大震災が菅政権を救ったかたちになる。

マグニチュード8・8（後に9・0に訂正）の大震災と津波だけでも国民生活には大きな打撃なのに、それに原発の水素爆発とメルトダウン事故が加わる複合災害は、世界でも初めての大惨事である。2011年は年明け早々に九州の新燃岳《しんもえだけ》が噴火をはじめており、2月下旬には、太平洋に浮かぶニュージーランドで大地震が起きて、日本人留学生が多数死亡している。

巨大な岩盤であるプレートによってニュージーランドと日本は繋がっている。政治資金をめぐる政局争いにうつつを抜かす前に、与野党は、ニュージーランド地震が日本の国土にどのような影響を与えるかを議論すべきだった。だが官僚の抵抗によって「統治能力」を完全に失った民主党政権には、未曾有の大震災に対応できるはずもなかった。

そこで同盟国であるアメリカが米軍を派遣し、自衛隊と共同で津波被災地の救援に乗り出す。自衛隊と米軍が共同で行った「トモダチ作戦」である。日本の政治の機能不全が露呈する中で、在日米大使館と在日米軍基地は動きが早かった。

3月12日にアメリカの国際開発庁（USAID）は大震災や巨大津波の情報を一元的に集約、沖縄の普天間基地や嘉手納空軍基地、海外の米軍基地から13日の段階で空輸による支援がフル稼働で始まった。14日には海兵隊が仙台市に前線司令部を設置している。空母ロナルド・レーガンも洋上に待機、物資の輸送を開始した。16日には補給拠点として仙台空港を早くも復旧させている。そのスピードには舌を巻いてしまうほどだった。原発事故が起きている福島県には近づけなかったようだが、一部原発で発生した火災の消火には関わっていた。宮城県には大量に人員を投入して、救援活動、調査活動を続けていた。

同じ日に、天皇陛下が国民に向けてのメッセージを皇居内で収録され、それが放送された。その翌日、震災直後から行方がわからなくなっていた小沢一郎が、自身のウェブサイトに簡単なメッセージを発表した。同じ17日に、仙谷由人前官房長官が官房副長官として復活。事実上の「事務次官会議」ともいうべき「各府省連絡会議」が発足した。被災者の生活を支援するというのが表向きであったが、それ以前から復活の兆しを見せていた事務次官会議が、名実ともに復活した瞬間でもあった。

「ギブ・ミー・チョコレート」から「ギブ・ユー・キャンディ」へ

3月下旬になり、沖縄の海兵隊は被災地の気仙沼に向かい、大島の復旧作業を開始した。4月4日の読売新聞は瓦礫撤去を行う海兵隊の活動を報じている。その中に次のような記事がある。

◆ガンバリマショウ

家々が流され、船が陸上に転がる被災現場の光景は、百戦錬磨の海兵隊員たちにもショ

ックだったようだ。ブライアン・アーセノールト伍長(22)は、「悲惨な状況に適応できるよう日々訓練を受けているはずだが、実際に自分の目で見ると違う」とうめいた。

島では、隊員に手を振る島民の姿をあちこちで見かけた。第31海兵遠征部隊指揮官のアンドリュー・マクマニス大佐(49)は「本当に自分たちが必要とされているとわかる。胸を打たれる」と語った。沖縄駐留のため、片言の日本語を話せる隊員も多い。「ガンバリマショウ」と何度も島民に声をかけていた。

地震が発生した3月11日。演習を終えたエセックスは、マレーシア・コタキナバルに停泊していたという。隊員らは久しぶりの休日を楽しんでいたが、予定を切り上げ、翌朝、日本に向けて出港。クリス・タッカー上等兵曹(37)は、船内のテレビで被害の深刻さが刻々と明らかになるのを見て、「早く助けに行かなければ、という気持ちが皆に広がった」と話した。

「子どもが喜ぶお菓子は余っていませんか」。3月30日、軍艦に似合わない放送が流れた。海兵隊員たちが大島の子どもたちに贈ろう、と呼びかけると、長い列がすぐにでき、1時間ほどでキャンディーなどが箱いっぱいになったという。

自衛隊からエセックスに乗り組む日米共同調整所連絡幹部の井出国則1等陸尉(33)はこの光景を見て、「命令や指示ではなく、友人のために何かをしたいという気持ちを感じた」と感激した。エセックス艦長のデービッド・フルーカー大佐は「日米が築いてきた良き関係は、今回の地震でより強固になった」と語った。

（「読売新聞」２０１１年４月４日）

このような状況を見てか、「週刊ポスト」（４月22日号）は、「日本は再び『ギブ・ミー・チョコレート』でいいのか？」という記事を載せている。歴史学者の秦郁彦《はたいくひこ》は、「米軍に指揮権を委譲してはどうか」とまでこの記事の対談で語っている。それもやむを得ないと思わせるほど、震災当初の日本政府の混乱ぶりと、余裕を持って活動する米軍は対照的であった。

戦略国際問題研究所（ＣＳＩＳ）タスクフォースの顔ぶれと思惑

この震災は、平安時代の貞観《じょうがん》地震以来の「１０００年に一度」という地震の破壊の規模である。日本で地域戦争が起きたのに匹敵する。そのときに、日本政府に統治能力（ガバナビリティ）がなければ、同盟国である覇権国に〈占領〉されるしかない。だが、占領する側には、単なる善意以外の意図がある。

ここで重要なのは、米軍は仙台空港を活用できる利点から、東北最大の都市・仙台と宮城県に注目しているという点だ。米軍部隊が「ソウル・トレイン作戦」で線路の瓦礫撤去を率先して行っていたのは岩手県ではなく、東北の玄関口にあたる宮城県を走る仙石《せんせき》線であった。

すでに第1章で述べたように、アメリカと日本経団連は、経済版「トモダチ作戦」というべき復興タスクフォースを、マイケル・グリーンが日本部長を務める戦略国際問題研究所（CSIS）が中心となり結成している。

そして5月20日にワシントンで設立されたこのCSISのタスクフォースも、宮城県との連携を深めている。このタスクフォースのカウンターパートの経団連に「対日調査団（ファクト・ファインディング・ミッション）」を日本に派遣。カウンターパートの経団連によれば、リチャード・アーミテージ元国務副長官、マイケル・グリーンCSIS上級顧問・日本部長ら14名が出席。経団連からは、米倉会長（震災復興特別委員会委員長）、岩沙弘道副会長（同共同委員長）、坂根正弘副会長（同共同委員長）ら15名が出席したという。

このとき、CSISのタスクフォースのメンバーは、民主党・自民党の若手政治家らで結成する超党派の勉強会のメンバーとも会合している。この政治家勉強会は、正式名称は「国難対処のために行動する『民主・自民』中堅若手議員連合」という。略して「民自連」である。

主要なメンバーは、次のとおり。

菅義偉（自）、樽床伸二（民）、河野太郎（自）、岩屋毅（自）、松野頼久（民）、梶山弘志（自）、長島昭久（民）、笠浩史（民）、北神圭朗（民）、平将明（自）

この会合に参加した河野太郎によれば、彼らのカウンターパートとなるCSISの調査団は次のメンバーであった。

＊リチャード・アーミテージ（元国務副長官）
＊ティム・アダムス（元財務次官）
＊ジョセフ・ブース（ルイジアナ州立大学災害マネジメント研究所）
＊マイケル・グリーン（ＣＳＩＳ上級顧問・日本部長、ジョージタウン大学准教授）
＊チャールズ・レイク（アフラック会長、元在日米商工会議所会頭）
＊ランディ・マーティン（マーシーコープス・ディレクター、震災ＮＧＯ）
＊スティーブ・モリソン（ＣＳＩＳ国際医療政策センター所長）
＊ティエリー・ポルテ（日米友好基金理事長、元新生銀行社長）
＊デビッド・パンフリー（ＣＳＩＳ、元エネルギー省次官補）
＊スタンリー・ロス（ボーイング社取締役、元国務次官補）
＊ロビン・サコダ（アーミテージインターナショナル）
＊ニコラス・セーチェーニ（ＣＳＩＳ日本部研究員）
＊油木清明（ＣＳＩＳ／日本経団連）

アーミテージ、ＣＳＩＳ日本部長のグリーン、米商工会議所を代表するチャールズ・レイク、新生銀行頭取だったティエリ・ポルテ（三極委員会）、ロビン・サコダ（アーミテージ・インターナショナル）らは、私にはおなじみの顔ぶれである。日本の重工各社と旅客機の共同生産を行っているボーイング社からスタンレー・ロス取締役が参加しているのも興味深い。アメリカは自社の航空機開発に三菱重工などの日本のメーカーを取り込んでいたので、震災後のサプライチェーン寸断の危機に直面してしまった。そのため、ボーイングが参加しているのだろう。

安全保障・危機管理の専門であるアーミテージ、グリーン、セーチェーニだけではなく、財務次官や米商工会議所の人間が加わっていることも同じく重要である。アメリカは日本の財政問題に強い関心を持っているということになるからだ。日本にどの程度まで増税させるかということを調査しに来たようである。財務官僚との非公式の会合も持たれたのではないか。

レイク（元在日米商工会議所会頭）は郵政民営化のときにも、米財界ロビイスト代表として政界工作を仕掛けた人物だ。レイクが含まれているということは、このCSIS調査団は、米国が進める太平洋経済圏戦略のTPP（環太平洋戦略的経済連携協定）の地固めという意味である。

最後の油木《あぶらき》清明《きよあき》は以下の経歴だ。現職は「(社)日本経済団体連合会政治グループ長」であり、米マサチューセッツ工科大学（MIT）日本研究所リサーチフェローである。要するに、油木は日本経団連の代理人であると同時に、米MITの日本研究所の所長であるリチャード・サミュエルズ教授の部下であるということだ。サミュエルズは日本の安全保障の専門家であり、同時にシミュレーションを使った日本の政治家たちの意思決定に関する教育プログラムを実施している。

以上のことから、米ＣＳＩＳのチームには４つの目的があることがわかる。

①統治不可能になった菅政権を見捨て、活きのいい若手政治家の中からアメリカのカウンターパートとして利用し得るような人材を育成する。米留学経験者が多い「民自連」に目をつけたのはそのためだ。

②オバマ大統領が推し進めるアメリカの輸出産業支援のためのＴＰＰの推進ないしは、それと同様の構造改革を日本政府・財界に実行させる。

③震災復興と合わせて日米の産学連携による「グリーン都市（エコタウン）」構想を実験的に東北で行う。

④日本で再び震災が起きても、日本国内の米軍基地への影響を最小限にとどめ、台頭する中国に対するアメリカの地政学的な優位性を損なわないようにする。

宮城県の村井嘉浩知事は東京のシンクタンクに丸投げする「震災復興案」を提案して、地元県民の反発を浴びた。村井知事は自衛隊出身であり、同時に松下政経塾の出身者でもある。グローバルな視点での復興を成し遂げたいらしい。宮城県庁にも、このとき来日していたＣＳＩＳのタスクフォースが訪問し、マイケル・グリーンらは宮城県副知事と会っている。６月23日の読売新聞（宮城県版）や産経新聞が報道している。

③は、元を質せば「グリーン・アライアンス（エコの同盟・緑の同盟）」という考え方に基づいている。沖縄の普天間問題を論じる際に、沖縄・グアムの共同プロジェクトとして提案していたことに由来している。

沖縄の普天間問題が解決するか怪しくなってきたこともあり、沖縄で当初実験する予定だった「スマート・グリッド」構想はおそらく、まず東北・宮城県で行われるだろう。

また、アーミテージは経団連との会合で、米軍の日本の地方自治体の防災訓練への参加も要求している。ウィキリークスが指摘した日本の自治体の防災訓練の緊張感の無さ（第1章の流出公電参照）を考えると、それもやむを得ないようにも思える。いずれやって来る「日本自立」の時のために、日本の統治機構は、今は徹底的に、危機管理能力をアメリカからでも何からでも学ぶべきかも知れない。

これらは良い悪いの問題ではなく、現実としてそういう徴候が見られるということだ。この動きは避けられないし、日本も利用できるところは利用すればいい。アメリカの手を借りて復興したのが第二次世界大戦後の日本なのだから。

おわりに

「打ちのめされた国で、最初からやり直す」

2011年3月11日、すべての日本人にとって「空気」が変わった。これは自身を取り巻く環境だけではなく、原発事故で放出された放射性物質により、物理的な意味でも空気は変わった。

震災が起きて4カ月半が経過した。本書では、一貫して、「日本が統治能力を失ったので、日本はアメリカに再度占領されたのだ」と論じてきた。嫌なことかも知れないが、このことをまずはっきりさせなければならなかった。

日本が自国を自力で統治する能力を失った理由は幾つかある。まず、民主党政権が官僚機構の徹底的なサボタージュ（嫌がらせ）を受けて、マニフェストで掲げた重点政策の実現に行き詰まったことである。この事実について、私は「ウィキリークス」による米流出公電を引用しながら、この官僚の政治家への〝反逆行為〟を裏付けた。

しかし、政治主導を目指した民主党の政治家にも問題がなかったわけではない。鳩山由紀夫前首相が重点政策に掲げた普天間基地移設交渉の見直しには、十分な事前の準備と根回しが必要だった。数年に一度の選挙で交代する心配がない官僚たちは、政治家とは異なり、長い時間をかけて政策を実現する余裕があるという優位性を持っている。

同じく政治主導を目指して政治家と官僚との関係を根本から見直そうとした小沢一郎元民主党代表の苦闘についても触れた。この国を支配しているのは古代からの「律令制度の亡霊」であることも十分に論証できたと私は自負している。

2009年9月以来、官僚機構によって日本の統治能力が骨抜きにされていくなかで、この大地震が起きた。そして、日本は再びアメリカに占領された。

しかし、「なんだ、日本はもう再占領されてしまったのか。もう何をやってもアメリカの言いなりか」と悲観的になるのは早い。民主党政権がなぜ行き詰まっているのかを、本書では明らかにした。その正体とは、戦後の日米関係を動かしてきた日米双方の官僚がつくる「日米事務方同盟」による不透明な「談合体制」だった。これを突き崩すことが重要である。

これを書いているとき、民主党政権の首相は菅直人である。震災直後は危機対応の不手際でバッシングされた菅だが、脱原発政策についてはじっくりと時間をかけてやっていくつもりのようだ。アメリカからの圧力もうまく利用しながら、国内の経団連や経産省といった20世紀の日本の経済発展の主役となった既得権益を相手にノラリクラリとうまくやっている。細野豪志・原発担当大臣も菅の意向を汲んで、アメリカや官僚との折衝を粘り強く行っている。細野は次の総理大臣になる器を持った政治家の一人だろう。

むろん、菅政権が延命しているのは、米ホワイトハウスの原発・エネルギー専門家たちの意向をふまえて、福島第一原発の「封じ込め」のタイムテーブル（工程表）を実行しているからだ。細野豪志に指示を与えているのは。ジョン・ホルドレンというホワイトハウスの科学技術担当補佐官だ。ホルドレンはジェイ・ロックフェラー上院議員が高く評価する一人だ。

確かに日本政府の「統治能力の消失」は必然的に日本再占領に繋がっている。しかし、その占領を行っている側のアメリカだって、いつまでも日本の面倒をみることができるわけではない。アメリカでも日本と同様に、連邦政府の財政赤字が深刻だ。数年以内に、米国債の債務不履行（デフォ

指示を下げ与える「補佐官」、
指示を仰ぎ頂く「大臣」。

（上）ホルドレン科学技術担当補佐官
（下）細野豪志・原発事故担当大臣

ルト）も確実に起きるだろう。そうなると、世界中にいつまでも軍隊を展開できる状況ではなくなる。つまり、世界覇権国アメリカの衰退は始まっている。アメリカは世界から軍隊を撤退させ、戦略的な再編を行っている。その時に否応なく日本はアメリカからも〝自立〟せざるを得なくなる。政治家も官僚も、自分の頭脳で国のサバイバルを考えなくてはならなくなる。

今、日本の真の意味での自立を阻んでいるのは、「アメリカに依存しておけば日本は大丈夫だ」と言い続け、結果的に日本独自の国益、それに基づいて編み出される国家戦略を定義してこなかった政財界人たちである。その人たちは、前原誠司という新しい自分たちの代理人を育てている。

アメリカが〈日本再占領〉を行う際、日本に重点的に要求してくるのは、環太平洋戦略的経済連携協定（ＴＰＰ）への参加である。これは太平洋地域でのアメリカ主導のグローバリズムを深化させようというものである。日本には参加メリットはほとんど無いことがすでにわかってきている。ＴＰＰは正式名称は、Trans-Pacific Strategic Economic Partnership Agreement という。生々しいイメージを持つ“Strategy”（戦略）という言葉が含まれている。なぜか日本ではその部分が、メディアでは訳されない。

戦後日本は、そのアメリカの「戦略」の意のままに動かされてきた。だが、そういうことはそろそろ終わりにしようではないか。これからの日本は「自立した国家」として国益を定義する。その際、アメリカとも友好国のひとつとして過度に敵対することなく、付き合っていけばいい。もちろん次の超大国・中国とも同様だ。だから、「日米同盟の深化」の名のもとで主体的判断を政治家が放棄し、外務省にすべてを委ねてしまってはいけない。

ただ、同時にアメリカには国家としての〝したたかさ〟があるし、米軍が持つ危機管理能力もある。このことを、今回の震災への米軍・米政府のすばやい対応は示している。そこは日本も見習いたいところだ。だから、その部分は、日本は今回の〈再占領〉の機会に十分に学んでいけばいい。国内の政治改革においても、小沢一郎が掲げた「自立した個人」を主体とする「1200年ぶりの政治革命」の意義を踏まえ、私たちが新しい世代の政治家を育てていく必要がある。国民のレベル（民度）以上の政治家は誕生しないからだ。

この「学び」の期間で日本が政治改革と国民の意識革命を成し遂げれば、新しい覇権国・中国がアジアに登場しても、日本はその荒波を自分の力で乗り越えることができるだろう。

本書はそのような「新しい日本」を次の世代に残すための格闘をしてきた前の世代の政治家の成功と失敗に学ぶ本でもある。

最後に、アメリカの歴史家、ジョン・ダワーの言葉を紹介したい。『敗北を抱きしめて』（岩波書店）という本の中でダワーは、先の大戦の後、アメリカの庇護の下で復興した日本の社会の姿をありのままに記録している。

私は震災後、ダワーが朝日新聞のインタビューに答えているのを読んだ。ダワーは、「当初、この本の名前は『打ちのめされた国で最初からやり直す（Starting Over in a Shattered Land）』というタイトルで考えていた」と言う。

今の日本も、「原発震災で打ちのめされた国で最初から国づくりをやり直す」時であるだろう。

そのように強く思う。

＊＊＊＊

本書は、私のツイッター（アカウントは bilderberg54）に寄せられた様々な立場の皆様の意見、それに加えて、広瀬哲雄氏、古村治彦氏、佐藤研一朗氏、植田信氏らの率直な指摘、反論、批判、そして情報提供なくしては完成し得なかった。

この場を借りて「フォロワー」の皆様に御礼を申し上げます。

２０１１年7月21日

中田安彦

◉著者について

中田安彦（なかた・やすひこ）

1976年、新潟県生まれ。早稲田大学社会科学部卒業。大手新聞社に一時勤務後、副島国家戦略研究所（ＳＮＳＩ）にて研究員として活動。アメリカの政治思想、対日戦略のほか、欧米の超財界人など、世界を動かす企業・人的ネットワークを主な研究テーマとする。著書に『ジャパン・ハンドラーズ』（日本文芸社）、『世界を動かす人脈』（講談社現代新書）、『アメリカを支配するパワーエリート解体新書』（ＰＨＰ研究所）、『ヨーロッパ超富豪権力者図鑑』（日本文芸社）。訳書に『プロパガンダ［新版］』（エドワード・バーネイズ著、成甲書房）がある。

ブログ: http://amesei.exblog.jp/

ツイッター: bilderberg54

日本再占領《にっぽんさいせんりょう》

「消《き》えた統治能力《とうちのうりょく》」と「第三《だいさん》の敗戦《はいせん》」

◉著者
中田安彦《なかたやすひこ》

◉発行日
初版第1刷　2011年8月15日

◉発行者
田中亮介

◉発行所
株式会社 成甲書房

郵便番号101-0051
東京都千代田区神田神保町1-42
振替00160-9-85784
電話03(3295)1687
E-MAIL mail@seikoshobo.co.jp
URL http://www.seikoshobo.co.jp

◉印刷・製本
株式会社 シナノ

Printed in Japan, 2011
ISBN978-4-88086-279-8

定価は定価カードに、
本体価はカバーに表示してあります。
乱丁・落丁がございましたら、
お手数ですが小社までお送りください。
送料小社負担にてお取り替えいたします。

HI
r hearts...
浦 佐
田邉広報官